四特 教育系列丛书 SITEJIAOYUXILIECONGSH

U0724281

课堂学习有办法

《"四特"教育系列丛书》编委会　编著

吉林出版集团股份有限公司
全国百佳图书出版单位

图书在版编目 (CIP) 数据

课堂学习有办法 /《"四特"教育系列丛书》编委会编著.
—长春：吉林出版集团股份有限公司，2012.4
（"四特"教育系列丛书 / 庄文中等主编. 爱学习，爱
科学）
ISBN 978-7-5463-8689-8

I.①课… Ⅱ.①四… Ⅲ.①中小学－课堂教学－教学研
究 Ⅳ.① G632.421

中国版本图书馆 CIP 数据核字（2012）第 044188 号

课堂学习有办法
KETANG XUEXI YOU BANFA

出 版 人	吴 强	
责任编辑	朱子玉　杨 帆	
开　　本	690mm×960mm 1/16	
字　　数	250 千字	
印　　张	13	
版　　次	2012 年 4 月第 1 版	
印　　次	2023 年 2 月第 3 次印刷	

出　　版	吉林出版集团股份有限公司
发　　行	吉林音像出版社有限责任公司
地　　址	长春市南关区福祉大路 5788 号
电　　话	0431-81629667
印　　刷	三河市燕春印务有限公司

ISBN 978-7-5463-8689-8　　　　　定价：39.80 元

前　言

学校教育是个人一生中所受教育最重要组成部分，个人在学校里接受计划性的指导，系统地学习文化知识、社会规范、道德准则和价值观念。学校教育从某种意义上讲，决定着个人社会化的水平和性质，是个体社会化的重要基地。知识经济时代要求社会尊师重教，学校教育越来越受重视，在社会中起到举足轻重的作用。

"四特教育系列丛书"以"特定对象、特别对待、特殊方法、特例分析"为宗旨，立足学校教育与管理，理论结合实践，集多位教育界专家、学者及一线校长、教师们的教育成果与经验于一体，围绕困扰学校、领导、教师、学生的教育难题，集思广益，多方借鉴，力求全面彻底解决。

本辑为"四特教育系列丛书"之《爱学习，爱科学》。

古今中外，许多成功人士都重视和强调学习方法的重要性。伟大的生物学家达尔文就说过："最有价值的知识是关于方法的知识。"著名的科学家爱因斯坦的成功方程式则是"成功＝艰苦的劳动＋正确的方法＋少说空话"。这也是爱因斯坦对其一生治学和科学探索的总结。我们不难看出正确的方法在成功诸因素中具有多么重要的位置。联合国教科文组织教育发展委员会在《学会生存》一书中指出："未来的文盲不再是不识字的人，而是没有学会怎样学习的人。"也就是说，未来的文盲不是"知识盲"，而是"方法盲"。所以，在教学中对学生进行正确学习方法教育极具重要性。本书包括提高智力的方法及各种学习方法和各科学习方法等内容，具有很强的系统性、实用性、实践性和指导性。但要说明的是"学习有法，但无定法，贵在得法"。教师在教学中要注意因材施教，注意学生的个体差异，进而施以不同的方法教育，这样才能让学生掌握最适合自己的学习方法，从而终身享用。

科学是人类进步的第一推动力，而科学知识的普及则是实现这一推动的必由之路。在新的时代，社会的进步、科技的发展、人们生活水平的不断提高，为青少年的科普教育提供了新的契机。抓住这个契机，大力普及科学知识，传播科学精神，提高青少年的科学素质，是全社会的重要课题。科学教育，是提高青少年素质的重要因素，是现代教育的核心，这不仅能使青少年获得生活和未来所需的知识与技能，更重要的是能使青少年获得科学思想、科学精神、科学态度及科学方法的熏陶和培养。

本辑共 20 分册，具体内容如下：

1.《智能提高有办法》

智能提高可能性，与遗传基因和后天因素息息相关。遗传因素我们无法改变，能够改变的就是尽量利用后天因素。本书针对学生如何提高学习智能进行了系统而深入的分析和探讨，并给予了切实的指导，对中小学生颇有启发意义，具有很强的系统性、实用性、实践性和指导性。

2.《高效学习有办法》

高效学习法是一种寓教于乐的教育方式和高效学习训练系统。它从阅读、记忆、速算、书写四个方面入手，提高孩子的"速商"，让孩子读得快、学得快、算得快、记得快，迅速提高学习成绩。本书针对学生如何提高学习效率进行了系统而深入的分析和探讨，并给予了切实的指导，对中小学生颇有启发意义，具有很强的系统性、实用性、实践性和指导性。

3.《提高记忆有办法》

人的大脑机能几乎都以记忆力为基础，只有记忆力好，学习、想象、创意、审美等能力才能顺利发展。那么如何才能记得更多、记得更牢、更有效地提高记忆力呢？本书帮助你找到提高记忆力的秘密，将记忆能力提升到顶点。本书针对学生如何提高记忆力进行了系统而深入的分析和探讨，并给予了切实的指导，对中小学生颇有启发意义，具有很强的系统性、实用性、实践性和指导性。

4.《阅读训练有办法》

本书以语境语感训练为主要教学法，以日常生活中必读的各种文体、范文讲解及阅读材料的补充为内容，从快速阅读入手，帮助学生提高汉语阅读水平。学生在学习的过程中，根据实际情况选用适合的学习方法，定能收到事半功倍的效果。

5.《轻松作文有办法》

写作是汉语的重要组成部分，在汉语中有举足轻重的地位。人们抒发感情需要写作，总结经验教训需要写作，记叙事件需要写作……总之，无论学习、工作、生活都离不开写作。本书针对学生如何提高写作能力进行了系统而深入的分析和探讨，并给予了切实的指导，对中小学生颇有启发意义，具有很强的系统性、实用性、实践性和指导性。

6.《课堂学习有办法》

课堂听课是学生在校学习的基本形式，学生在校学习的大部分时间是在听课中度过的。听课之所以重要，是因为大部分知识都需要通过听老师的讲课来获取。要想学习好，首先必须学会听课。本书针对学生如何提高课堂学习能力进行了系统而深入的分析和探讨，并给予了切实的指导，对中小学生颇有启发意义，具有很强的系统性、实用性、实践性和指导性。

7.《自主学习有办法》

自主学习是与传统的接受学习相对应的一种现代化学习方式。以学生作为学习的主体，通过学生独立的分析、探索、实践、质疑、创造等方法来实现学习目标。本书针对学生如何提高自主学习能力进行了系统而深入的分析和探讨，并给予了切实的指导，对中小学生颇有启发意义，具有很强的系统性、实用性、实践性和指导性。

8.《应对考试有办法》

考试主要有两种目的：一是检测考试者对某方面知识或技能的掌握程度；二是检验考试者是否已经具备获得某种资格的基本能力。如何有效地准备考试，可分成考试前、考试中、考试后三个部分进行说明。本书针对学生如何应对考试进行了系统而深入的分析和探讨，并给予了切实的指导，对中小学生颇有启发意义，具有很强的系统性、实用性、实践性和指导性。

9.《文科学习有办法》

综合文科的学习旨在帮助学生学会学习，学会分析研究人与自然、人与社会、人与自身关系中的现实问题，学会探讨解决问题的方法等，帮助学生树立终身学习的观念。在这个过程中不断培养学生的实践能力、创新意识和创造力。本书针对学生如何提高文科学习能力进行了系统而深入的分析和探讨，并给予了切实的指导，对中小学生颇有启发意义，具有很强的系统性、实用性、实践性和指导性。

10.《理科学习有办法》

理科学习要形成良好的学习习惯和有效的学习方法。总的来说，科学的学习方法可用以下歌谣来概括：课前要预习，听课易入脑。温故才知新，歧义见分晓。自学新内容，要把重点找。问题列出来，听课有目标。听课要专心，努力排干扰。扼要做笔记，动脑多思考。课后须复习，回忆第一条。看书要深思，消化细咀嚼。本书针对学生如何提高理科学习能力进行了系统而深入的分析和探讨，并给予了切实的指导，对中小学生颇有启发意义，具有很强的系统性、实用性、实践性和指导性。

11.《组织阅读科学故事》

在我们生活的各个角落，疑问几乎无处不在，而这些疑问往往能激发孩子们珍贵的求知欲，它能引领孩子们正确的认识和了解世界，并进一步地探知世界的奥秘，这是早期教育最为关键的环节。为了让孩子们更好地把握时代的脉搏，做知识的文人，我们特此编写了这本书，该书真正迎合了青少年的心理，内容涵盖广泛，情节生动鲜活，无形中破解了孩子们心中的疑团，并且本书生动有趣，是青少年最佳的课外读物。

12.《培养科学幻想思维》

幻想思维是指与某种愿望相结合并且指向未来的一种想象，由于幻想在人们的创造活动中起着重要作用，在发明创造活动中应鼓励人们对事物进行各种各样的幻想。幻想思维可以使人们的思想开阔、思维活跃，因此它在创造中的作用是显而易见的。本书针对学校如何培养学生的幻想思维进行了系统而深入的分析和探讨，并给予了切实的指导，对中小学生颇有启发意义，具有很强的系统性、实用性、实践性和指导性。

13.《培养科学兴趣爱好》

怎样让学生对科学产生兴趣？这是很多老师都想得到的答案。想学好科学，兴趣很关键。其实，生活中的许多小细节都蕴涵着丰富的科学知识，大家可以因地制宜，为学生创造良好的环境，尽量给学生提供不同的机会接触各种活动。本书针对学校如何培养学生的科学兴趣爱好进行了系统而深入的分析和探讨，并给予了切实的指导，对中小学生颇有启发意义，具有很强的系统性、实用性、实践性和指导性。

14.《培养学习发明创造》

发明创造是科学技术繁荣昌盛的标志和民族进取精神的体现。有学者预言，二十一世纪将是一个创造的世纪，而迎接这个创造世纪的主人，正是我们那些在校学习的孩子们。因此，对青少年进行发明创造教育，就显得极其重要了。心理学家研究表明，青少年的好奇心正是他们探索世界，改造世界，产生创造欲望的心理基础。通过开展青少年发明创造活动，鼓励青少年去发现新问题，提出新设想，实现新目标，这是培养他们的创新精神，提高他们的创造力的最好途径。

15.《培养科学发现能力》

阿基米德在洗澡时发现了阿基米德定律；牛顿看到苹果落地，最终得出了牛顿第一运动定律。在科学史上，这样的事例还有很多，它证明科学并不神秘，真理并不遥远，只要我们能见微知著，善于发问，并不断探索，那么，当你解答了若干个问题之后，就能发现真理。本书针对学校如何培养学生的科学发现能力进行了系统而深入的分析和探讨，并给予了切实的指导，对中小学生颇有启发意义，具有很强的系统性、实用性、实践性和指导性。

16.《组织实验制作发明》

科学并不神秘，更没有什么决定科学力量的"魔法石"，科学的本质在于好奇心和造福人类的理想驱使下的探索和创新。自然喜欢保守它的奥秘，往往不直接回应我们的追问，但只要善于思考、勤于动手、大胆假设、小心求证，每个人都能像科学大师一样——用永无止境的探索创新来开创人类的文明。本书针对学校如何组织学生实验制作发明进行了系统而深入的分析和探讨，并给予了切实的指导，对中小学生颇有启发意义，具有很强的系统性、实用性、实践性和指导性。

17.《组织参观科普场馆》

本书集中介绍了全国多家专题性科普场馆。这些场馆涉及天文、地质、地震、农业、生物、造船、汽车、交通、邮政、电信、风电、环保、公安、银行、纺织服饰、中医药等多个行业和学科领域。本书再现了科普场馆的精彩场景；科普场馆的基本概况、精彩展项、地理位置、开放时间、联系方式等多板块、多角度信息，全面展示了科普场馆的风采，吸引读者走进科普场馆一探究竟。本书是一本科普读物，更是一本参观游览的实用指南。通过本书的介绍，希望能让更多的观众走进科普场馆。

18.《组织探索科学奥秘》

作为智慧生物的人类自诞生之日起，就开始了漫长的探索进程，人类的发展史就是一部探索科学、利用科学史。镭的发现，为人类探索原子世界的奥秘打开了大门。万有引力的发现，使人们对天体的运动不在感到神秘。进化论的提出，让人类知道了自身的来历……探索让人类了解生命的起源秘密，探索让人类掌握战胜自然的能力，探索让人类不断进步，探索让人类完善自己。尽管宇宙无垠、奥秘无穷，但作为地球的主宰者，却从未停下探索的步伐。因为人类明白：科学无终点，探索无穷期。

19.《组织体验科技生活》

科技在不断进步，并且改变着我们的生活，让我们的生活变得更加多彩。学校科学技术普及的目的是帮助广大青年学生了解科学技术的发展，掌握必要的知识、技能，培养他们对科学技术的兴趣和爱好，增强他们的创新精神和实践能力，引导他们树立科学思想、科学态度，帮助他们逐步形成科学的世界观和方法论。本书针对学校如何组织学生体验科技生活进行了系统而深入的分析和探讨，并给予了切实的指导，对中小学生颇有启发意义，具有很强的系统性、实用性、实践性和指导性。

20.《组织科技教学创新》

现在提倡素质教育，科学素质是素质教育的重要组成部分，学生科学素质培养的核心是培养学生的创新精神和创新能力，创新能力的培养、开发应从幼儿开始，在长期的教学、训练过程中逐步形成和发展。小学科技教学，在培养学生创新精神和创新能力中，起着举足轻重的作用。帮助学生树立新的观念，主动地、富有兴趣地学习新的科学知识，去观察、探索、解决现实生活乃至自然界的问题，在课内外展开研究性的教学活动等，是行之有效的教学方法。但是，科技活动辅导任重而道远，这就要求科技课教师不断探索辅导方法，不断提高辅导水平，为全面推进素质教育，实施科教兴国战略奠定坚实的人才和知识基础。

由于时间、经验有限，本书在编写等方面，难免存在不足和疏漏之处，敬请各界读者、一线教师及教育界人士批评指正。

编者

目　录

第一章

学生提高课堂学习效益理论指导

1. 加强学生上课学习的意义

根据教学大纲规定，一个学生在中学期间上课的总数大约有二万多节。如果把每节课 45 分钟累积起来，这将是多么惊人的时间数字啊！学习成绩的优劣取决于多种因素，但如何对待每一堂课则是关键。要取得较好的成绩，首先就必须充分利用课堂上的每一分钟来提高听课效率。

每节课 45 分钟，对所有学生来说都是公正的。同在一个班级里学，由相同的老师教，而有的学生成绩却不理想，重要的原因之一是不能充分利用课堂时间，课堂学习效率低，学习方法有问题。为了提高学习成绩，应把握好课堂学习的规律和特点，努力提高课堂学习效率。

能够有效利用时间

提高课堂学习效率，意味着有效地利用时间。在校学习期间最主要的就是把握好课堂时间，从课堂学习时间来看，早饭以后的整个上午和下午 3 点前后是学生脑功能最活跃的时间，学生注意力最集中，学习效果最好。因此，必须有效地利用这段黄金时间，深知轻视课堂学习，就是在浪费青春、浪费生命。

有利于磨练意志

抓好课堂学习，必须高度地集中注意力，持久地启动脑功能。若因某件不愉快的事而分心，或因休息不充分而有所困倦，都会分散注意力，影响脑功能的活动，从而影响学习效率。因此，提高课堂学习效率必须时时注意磨练意志，用坚韧不拔的毅力去战胜惰性。

提高课堂学习效率，并非一朝一夕之事。只要坚持下去，一种良好的学习习惯便能逐步形成。良好的学习习惯对学生来讲十分重要，它是一个人终身受益的宝贵财富。

2. 了解学生上课有效学习的特点

有效学习课堂的主要特点，包括学习任务的适切性、学习环境的宽松性、学习过程的科学性等。

学习任务的适切性

适切性指切合学生实际、切合课程标准。切合学生实际：确定教学目标从学生的实际出发，既能满足大多数学生的需要，又能满足少数水平较高和水平较低学生的需求，不同水平层次的学生都有适宜的目标；切合课程标准：确定教学目标切合各学科课程标准要求，不"超标"也不低于课程标准的"底线"。

学习环境的宽松性

新课程的核心理念是"为了每一位学生的发展"。与此相适应的建构主义学习理论强调以学生为中心，强调对学习环境的设计。学习环境是学习者可以在其中进行自由探索和自由学习的场所，是一个支持和促进学习的场所。学生在和谐、宽松的学习环境中才能更主动、积极地学习，从而实现学习目标。

每个学生都有自己独特的内心世界、精神世界和内在感受，有着不同于他人的观察、思考和解决问题的方式，也就是说，学生有着独特的个性，每个学生都有潜能，这种潜能在适合发展的空间内才能被极大限度地挖掘出来。

那么，如何构建和谐、宽松的学习环境，怎样开发学生的创新潜能？笔者认为，教师应结合课堂教学，创设民主、平等的师生关系，构建和谐、宽松的学习环境。

在整个新课程教育理念和现代教学理论的培训学习中，教师应转变思想，反思自己的教学过程，清醒地认识到课堂教学重结果但更重过程。这就要求教师在课堂上，努力创设良好的环境和条件，让每个学生得到充分的发展，最大限度地开发其内在潜能，培养学生的创新能力和创新精神。

为了建立民主、平等的师生关系，教师应进行不懈的努力，建立良好的师生关系，教师必须付出真情，关心、爱护每一位学生。久而久之，师生间会形成民主、平等的朋友式的关系，这种新型的师生关系会焕发出迷人的光彩。在课堂上，学生能够积极主动地投入学习中，他们不再惧怕老师，而是敢说、敢想、敢做。师生间、同学间的心灵真正得以沟通，课堂上形成一种和谐、宽松的学习环境，学生在其中自由探索、自由学习，收获了良好的学习效果。

创设教学情境

建构主义认为，学习总是与一定的社会文化背景即"情境"相联系的，在实际情境下进行学习，可以使学习者利用自己原有认知结构中的有关经验同化和索引当前学习到的新知识，从而达到对新知识的意义建构的目的。

在传统的课堂教学中，由于不能提供实际情境所具有的生动性、丰富性，学生学习起来枯燥乏味，缺乏学习的热情和积极性，学生的潜质和优势没有得到很好的挖掘和开发。

基于这种认识在语文课堂教学中注重根据不同的教学内容创设不同的教学情境，指导、帮助学生利用情境充分发挥其主动性和首创

精神，促使学生带着热情主动参与学习活动，从而把积极的情感活动与认知活动结合起来。这样学生的发散思维、聚合思维、想象力和创造力才会得到有效的训练，最终实现学习目标。

进行赏识教育

赏识教育，即发现每个学生身上的闪光点，让学生重新认识自己。赏识教育，即欣赏每个学生，发现和肯定学生的每一点进步，使学生发现自己的优点，对学习、生活充满信心，从而不断争取成功。

在一次主题班会上，有位学生自告奋勇地用口琴独奏《每当我走过老师窗前》，吹奏得流畅、优美。教师激动地抚摸着这位学生的头，对全班学生说："吹得太动听了，他虽然学习成绩差又调皮，但只要坚持吹奏，一定会非常出色。如果在学习上同样用心，一定会有很大的进步。"享受到成功的喜悦后，这位学生逐渐改变了调皮、懒惰的坏毛病，学习也开始认真、专心了。

在教师的鼓励下，他参加了学校组织的器乐兴趣小组，表现得很不错。对其他学生也一样，只要发现他们身上的优点，便可以抓住有利时机对其赞赏一番，能够使这一优势得以发展并努力获取成功。赏识教育使学生获得了成就感，带给学生鼓舞和自信，并使其内在潜能得以开发。

学习过程的科学性

"你每天上课前都预习课本吗？"一些学生错误地认为，课前预习没有必要，反正老师上课时要讲，上课专心听讲就可以了，何必事先费脑筋，还浪费了许多时间。应该说，这是一种错误的想法。

事实上，许多学生在学习上花费了不少时间，但忽略了课前预习这一环节，学习成绩始终不理想。这是因为他们没有认识到课前预习的重要性，结果是上课时听懂了，下课就忘记了，觉得很被动，各

门功课学得也不扎实。可见，预习对学生的学习非常重要。

学会认真听课

许多学生都有这样的体会：听课这一环节抓好了，可以提高学习效率，避免课后浪费时间。听课时思维要紧张、活跃、积极，切忌消极、被动、心不在焉，思维要走在教师前面。

在听课时学生要多问为什么，而不是教师怎样讲，自己就怎样想，脑筋并没有真正开动。总之，听讲时集中注意力，调动各种感官，积极思考，既可以提高听课效率，快速掌握知识，又能培养自己分析问题、解决问题的能力，取得事半功倍的效果。

每当上课铃声响过，同一课堂里，学生们的表现却千差万别。有的学生还沉浸在课间游戏的兴奋之中，脑子里想的全是嬉戏的场面，甚至想到高兴之处，还会笑出声来；有的学生还在做着前一节课教师布置的习题；有的学生眼睛瞪得大大的似乎在认真听，实际上注意力不集中，什么也没听进去；有的学生盲目地、机械地听课，机械地记，不用脑思考，结果，一堂课下来，脑子里空空的，什么也没记住。

课堂学习是学生在校学习的基本形式，学生在校的大部分时间是在课堂上度过的。因此，学会听课，提高课堂学习效率，是学生学业成功的关键环节。

做好课堂笔记

有的学生认为，反正教材上什么都有，上课只要认真听讲就行了，没必要记课堂笔记，这种观点是错误的。研究表明，对于同一时段学习材料，做笔记的学生比不做笔记的学生学习效果更好。所以，养成记笔记的好习惯，可以帮助学生集中注意力，加深对知识的理解。

进取的力量，分享合作的快乐，展示生命的灿烂，这既是教师的最大快乐，更体现了教师对学生的那份爱。

3．加强学生上课学习的重要性

上课是学生学习的中心环节，也是最重要的一环，只有抓住这一中心环节，才能提高学生的学习成绩。

上课是学生获得知识的主要途径

学生阶段是少年向青年的过渡时期，是人生的黄金时期，它对一个人的一生有重要影响，学生时代大部分光阴是在课堂内度过的，学生上课的状况如何，直接影响着学生的学习质量。

上课是学生获得知识，发展智能的主要途径之一。学生的学习是在教师指导下进行的有计划、有目的、有组织的实践活动，是教师把前人总结的知识和经验传授给学生的过程，是教师把人类几千年认识客观世界最基本、最重要的知识继承下来的主要途径。

教师传授的是"活"的知识，应将对学生能力的培养结合起来，如果学生上课时能和教师密切配合，一般地说，可以取得良好的学习效果，智能也可以得到很好的发展。

专心上课必须做到四个认真

（1）认真做好上课前的准备工作

上课前的准备工作主要是通过预习来进行的，在预习过程中，要了解新课的重点、难点及内在联系，把已经学过的知识和将要学习的知识联系起来，起到温故而知新的作用。这样，听新课时容易理解、容易接受，也能较快地使知识迁移为能力。

上课前准备好课本、笔记本、练习本等学习用具。每个学生应该在学习结束后摆放好学习用具，放在指定的位置，这样随用随拿，

得心应手。

理想的听课效果，必须身体健康、精神饱满，使大脑处于兴奋状态，因此，要注意早睡早起，不开"夜车"；中午不做剧烈运动，要适当午睡；双休日、节假日活动不要太疲劳；饮食合理，运动得当，不要暴饮暴食，养成健康的饮食习惯。

做好心理上的准备，即上课前调整好自己的心理状态，使其达到最佳，这是提高听课质量的有力保证。此外，端正学习动机，明确学习每一门学科的重要意义。

以"需要"的姿态投入学习；理解、尊重教师，尊重教师的劳动成果；要正确对待教师对自己的批评和教育；振作精神，克服消极情绪和无所谓的态度，以学生应有的朝气积极地迎接每一堂课。

（2）认真克服注意力的分散和漂移

我们平时讲的智力，就是指一个人认识活动的能力，它主要是由注意力、观察力、记忆力、思维力和想象力等几个基本因素所构成的有机综合体。可以说，注意力是智力活动的前提和保证。

注意力就是把自己的感知和思维等心理活动指向和集中于某一事物的能力。感知是感觉和知觉的统称；思维是人脑对客观事物间接的和概括的反映，它反映事物的本质和规律。

有意注意是有预定目的、主动地为一定任务服务的注意。它是自觉的，并需要做出一定的努力。无意注意是没有预定目的，被动地、自然而然地发生的注意。它不需要做出任何努力。

注意力的品质特性包括稳定性、转移性、分配性。稳定性是指注意力集中的程度和持续的时间，即把注意长时间地保持在一定认识对象或所从事的某种活动上的能力；转移性是指根据当前新任务的要求，主动地把注意力从一个对象迅速转移到另一个对象上的能力；分

配性是指在同一时间内，把注意力有效地分配到两个或几个对象或动作上的能力。

注意力的分散和漂移即"分心"和"开小差"，是指一个人的某些有关心理活动未能充分地指向和集中于当时所应该指向和集中的事物，或完全离开了当时所应该指向和集中的事物的心理状态。

上课开小差的主观原因：注意力的稳定性不够；有意注意不能及时顺利地转移，仍滞留在原地不动；失眠、过渡疲劳、饥饿；杂七杂八的事情牵肠挂肚，心事重重，心情抑郁。

克服注意力的分散和漂移的方法：培养、强化有意注意，明确学习目的和任务，端正态度；进行必要的身体锻炼，既可以保持精力充沛、心情愉快，又可以磨练意志，培养耐性；加强意志的自磨练，一个意志坚强，善于自制又能和困难及干扰作斗争的人，注意力就比较稳定。

（3）认真理解当堂所学知识

"理解型"：上课积极思考并注意理解、吸收的学习类型。上课时对当堂所学的知识要有较好的理解，这是提高学习质量，减轻学习负担的好办法。

"死记型"：跳过自己认识事物应当经历的艰苦的思考过程，而直接背诵别人得出的现成结论的学习类型。这种直接记忆现成结论的听课方法，是无法获得真知的。要反对任何形式的企图"抄近路"的简单化学习方法。

什么是理解？理解是学生逐步认识事物的种种联系、关系，直到认识其本质和规律的一种思维活动，如明确一个词的意义、弄清一个科学概念等。所谓理解，通常是指弄懂、弄透，要求知道是什么，也要知道为什么，既知其然，也知其所以然；所谓事物的本质，通常是指同一类事物的共同的不可缺少的特征；所谓规律，通常是指事物与事物之间的因果的、必然的联系，也叫内部联系或本质联系。

学生的学习过程包括获得知识和运用知识两个阶段，对所学知识的理解是学生获取知识阶段的核心。学生在学习过程中，将人类的知识财富转化为个体的精神财富的内化过程，主要是通过理解来实现的。离开理解的学习，不可能真正掌握知识，而往往只是学到一些空洞而无意义的词句，对知识的巩固和应用也将受到很大的局限，所以理解是巩固、应用知识的前提。

学生理解教材主要在于理解教材中的概念、原理及其体系。知识是由概念与原理组成的体系，没有一个概念或原理不与其他概念、原理产生联系，也没有一个概念或原理不包括在一定知识体系中。

在知识体系中，概念便是"知识单元"，而原理则是由一个个"知识单元"所构成的必然的或本质的、因果的联系。概念和原理的关系，正像一台机器中零件与部件的关系，即概念是原理的零件，原理则由概念这些零件所组成的部件；同时，这些概念和原理不是孤立的，而是按一定的关系相互联系着的，这种相互联系，乃是客观事物之间的关系的反映。

概念是人脑反映事物本质属性的思维形式。事物的本质或本质特征是决定某一事物，并区别于其他事物的根本属性。事物的本质是用概念表示的，概念又是用词来标志的。比如，鸟、人、垂直、体积、温度、钟表、果实是概念，也是词，它是我们表示概念的词，是用词表示的概念。

（4）认真厘清教师讲课的思路

思路就是思考问题的线索和具体过程。厘清思路就是在教师的引导下，厘清上课时的思维程序，采用恰当的思维方式，从而把握思

维的规律和方法。

课堂上，教师讲课有一条思路，教材本身有一条思路，这两条思路都反映了某种思维形式、思维规律和思维方法，学生厘清这两条思路并把自己的学习思路融入这两条思路，有助于学生从根本上掌握学习内容，培养自己良好的思维品质，并把握思维的规律和方法，有效地发展自己的思维能力，掌握最根本的学习方法，进一步提高学习效率。

思维方法与思维过程和形式相联系，分析综合、比较、抽象概括、分类与系统化、具体化、判断、推理等既是思维的过程、形式，也是思维的方法。

根据各学科的特点上课

学生阶段学习科目繁多，学科不同，听课要领各异，如果不重视各学科的特点，就会影响听课效果。只有抓住学科特点上课，才能在获得感性认识的基础上，通过思考来掌握科学的概念和规律。

（1）听讲法

听讲法是指集中注意力听别人口头讲述，从而获取知识信息的一种方法。它既是获取知识的一个重要途径，也是每个学生必须掌握的学习方法。

听讲法的意义：有助于提高课堂学习效率；培养专注、静心的学习习惯。课堂上听讲的内容一般有教师的导言、对教学内容的分析、对学习活动的评析、学习方法的指导和播放教学的录音，以及学生的提问、发言、讲述等。

听讲法的要领：集中注意力听讲，不要急于发言，防止听漏、听错；重视导语、结语及反复强调语，跟着教师讲述的思路，把握中心思想；注意提示语和关联语，根据"首先""其次"等词语，厘清内容层次；根据"因为""所以""不但""而且"等词语，厘清内容联系。根据"总而言之""那么"等词语，弄清讲述的结论；根据"认为"等词语，弄清讲述的看法；根据"请注意""再重复一下"等语句把握内容的重点；边听讲、边思考，不时记录板书重点。思考疑点，复述要点，注意区别观点与例证，以便于复习巩固；听讲过程中，有疑问可先记下，然后选择恰当时机提出。

（2）听课基本法

听课基本法是指一种提高听课质量的基本方法。听课应在充分预习、对自己知识水平有所了解的基础上带着问题进行。听课基本法的要领是做到"四到"：心到，即注意力集中，跟上教师讲课的思路，充分调动自己的积极性，围绕讲课内容不停地思考并提出问题；眼到，即注意课堂上教师在黑板上写的重点内容；口到，即积极回答教师的提问；手到，即勤做笔记。

（3）听课要领把握法

听课要领把握法是指听课时抓住教材主要内容的基本要求和方法。学科不同，听课要领各异，从整体上看，可以从两方面入手：学理科，要抓住概念、原理、定义、公式及运算方法等；学文科，要抓住字的音形义，词语的本义、引伸义和比喻义，句子的形式和含义，段落划分的依据，篇章结构特点，各类文体的写作特点等。

听课要领把握法的要领：听清教师讲的基本观点，抓住重点、难点；跟上教师的思路，注意听课的系统性，不要只注意个别问题；边听边记，重在理解，不做笔记的"奴隶"；保持身心最佳状态，力求每堂课均有所得。

（4）听课质疑法

听课质疑法是指通过思考发现问题、口头提出问题的学习方法。

问题的类型：经过思考和查找其他书籍都不能得到解决的；自己以为找到了答案，但还感到似是而非的；知道结果，但对得出结果的过程不太明白的。

第一类问题是学习上的难点，应注意别人是如何解决的，教师是怎样讲解的；第二类问题是学习上的疑点，不解决就可能受到错误答案的影响，到关键时刻就会犯糊涂；第三类问题是掌握的知识不够全面，只知其然，不知其所以然，在运用知识的过程中，不能举一反三，难以解决其他同类问题。这几类问题都应当及时提出，求得解决。

（5）当堂巩固法

当堂巩固法是指在课堂上对所学内容及时进行思考消化的学习方法。当堂巩固法的要领：抓住教师讲课时短暂的停顿、间歇时间，回忆听讲的知识重点、中心思想或基本概念，寻找学习的重点、难点和疑点；注意教师的提问，积极思考，争取回答；注意从别人的答案中找出自己的问题的答案；做好课堂笔记，积极参与讨论。

（6）课堂笔记内容把握法

课堂笔记内容把握法是指通过耳听、眼看接受课堂知识信息，并通过脑想、手记来完成记录的一种学习方法。课堂上教师提出的问题及分析、解决问题的思路和方法，是课堂笔记的基本内容；积极思维、知识迁移是课堂笔记的目的和核心。

课堂笔记内容切忌两种倾向：一是逐字逐句记教师的原话，遗漏了重点；二是只记标题，内容空洞。一般应记的内容：教师写在黑板上的课文重点，尤其是一些重要的论点、论据、定理、定律、公式、概念、结论和解题方法等；听课时发现的疑难点，可供自己在课后思考或向别人请教；记精华、记重点。

（7）语文学习要领掌握法

语文课就是语言课，主要学习口头语言和书面语言的规律，进行听、说、读、写的训练。语文是一门最基本、最重要的基础课。从小学到中学，语文课所用的教学时间要占全部教学时间的三分之一左右，它是学习其他各门功课首先必须掌握的基本工具。

学好语文的要领在于掌握基础知识、基础理论和基本技能。语文的基础知识就是字、词、句、篇；基础理论是语法知识、修辞知识、逻辑知识、文学常识；基本技能就是听、说、读、写。

（8）外语学习要点掌握法

外语学习的三个重要方面，即语音、语法、词汇。语音是根本的、首要的，语法和词汇都是通过语音得到体现的。但语音是感性的，学外语单凭感性认识是不够的，还必须提高理性认识。学语法和词汇就要把丰富的感性材料形成概念和理论的系统，来帮助了解语言规律，从而指导语言实践。因此，外语学习要把理论和实践结合起来。

（9）数学概念掌握法

掌握数学概念有两种方式。一是从大量的实例中总结出关键特征，加以概括形成概念，称之为概念的形成。二是利用已有知识去理解掌握新概念，称之为概念的同化。

学习数学概念时应注意：概念的内涵，即概念所揭示的对象的本质属性；概念的外延，即概念所包含的对象的全体；概念的符号表示。数学概念一般都有简洁、严整的符号，只有掌握概念的符号表示，才能使运算成为可能。

掌握数学概念时应注意：掌握概念本质属性的其他表示形式，以加深对概念的理解；掌握相关概念间的本质区别和相互关系，使掌握的知识系统化、条理化；定义概念中的条件为充分必要条件，既可作

为判定定理又可作为性质定理。

（10）数学要领掌握法

由于数学具有高度的概括性和抽象性，因此学习起来较为困难。只有把握数学的要领，才能理解、掌握并运用好数学知识，获得事半功倍的效果。

数学学习要领：理解和准确掌握数学概念、公式、公理、定理、法则等基础知识；深入钻研例题，勤思多问，剖析其结构特征，进行一般解题思想、方法、技巧和规律的分析与总结；深入挖掘数学知识点，进行新旧知识的比较和联系，促进知识的变通和转化，突破难点和重点。

此外，数学学习要在复习巩固上下功夫，选有一定梯度和启发性、思考性、灵活性和创造性的复习题，进行多样化训练，充分运用思维的分析与综合、比较与归类、抽象与概括、系统化与具体化等方法加强理解和记忆，提高解决问题的能力，巩固所学知识。

4．促进学生上课主动学习的方法

传统的教学设计的主要任务是挖掘教材中的重点，突破难点和关键点，过分地夸大教师在教学中的作用，忽视学生的重要作用，不顾学生的心理要求和接受能力，安排教学内容和教学进程。

传统的教学设计，对学生来说，只能是一种沉重的精神负担，不能激发学生的积极性和主动性。这种教学模式，虽然在理论上被人们唾弃，但是仍被广泛应用于实际教学中。

以学生为中心

首先，要树立为学生服务的思想，尊重学生的意愿，不强迫学生学习，而是让学生心甘情愿地学习。在课堂开始之前，教师应根据学生个体的差异，先将学习目标、重点、难点告诉学生，由学生决定教学方法，使学生感受到被尊重的愉快，从而使学生积极主动地投入学习活动中。

在学生学习的过程中，遇到不理解的内容可以相互交流，畅所欲言。这样既可以缓解学生的心理压力，又可以在轻松自由的氛围中激发学生的学习积极性，也可以拉近师生之间的距离。

让学生参与课堂教学

让学生积极参与到课堂教学中，能够调动学生的学习兴趣，提高学生的学习效率。为此，教师应激励和培养学生积极参与的精神和动脑的习惯，有效地发挥启发、点拨的主导作用，创设学生主动参与的空间，促进学生积极思考，从而激发学生主动参与学习的内在动力。

例如，在探究平面镜成像的特点时，先让学生根据生活经验提出想研究的问题，在根据问题确定需要的器材，让学生自己试着进行实验，对遇到的问题，想出解决问题的办法。最后让学生展示自己设计的实验。

刚开始大部分学生都会出现举棋不定的情况，这时教师就要不断鼓励学生大胆地说出自己的想法。在不断鼓励下，学生能够勇敢地说出自己的设计方法、实验过程遇到的问题方法、得出的结论。

当有的学生实验方法很特别时，全班学生会表现出各种各样的神情，有惊讶、怀疑、赞赏、敬佩，但也得到了启示。因此，教师应相信学生，让他们亲自经历实验过程，给他们提供自我展示的空间，

让他们品尝成功的喜悦，教师一定会有意想不到的收获。要让学生自主学习，教师就一定要给学生留足空间，让他们畅所欲言。

加强对学生学习方法的指导

"授之以鱼，不如授之以渔。"在设计教学时，教师应加强对学生学习方法指导的探索，激发学生的内在动力，使学生由学会到会学。比如：在学习光的反射时，将定律概括为三线共面、两线异侧、两角相等，这样便于学生的记忆；在学习凸透镜成像时，用物近像远像变大来帮助学生记忆，这样大大地调动学生学习的积极性。

在习题教学中，要让学生说出：解题过程应用了哪些知识？采用了哪些方法？有无其他方法？说解题思维过程实际上是对知识的综合回顾过程，便于学生积累经验，总结方法与技巧，提高学生的解题能力和对知识的灵活应用能力。

民主教学

在传统教学过程中，受多方面因素的影响，教师往往只关注优等生，而忽视了后进生。要做到真正的民主，课堂上，就要顾及到每一位学生，使每一位学生都成为课堂学习的主人，都能平等地享受到教师的"服务"，尤期是后进生，教师要给予更多的关爱、帮助，调动后进生的学习主动性和积极性，使他们也享受到成功的喜悦。在课堂上，为后进生设计基本的知识题，尽量让他们先发言，课间找他们谈话，作业面批面改，课外对他们进行辅导。通过这种方式，调动全体学生的学习热情，并结合学生的具体情况因材施教，实施民主教学。

总之，在教学过程中，教师必须更新观念，转变教学方法，为课程改革的有效推进创造有利的条件，为课堂教学创造良好的学习环境。此外，教师要注重培养学生自主学习的能力和习惯，指导学生进行自主学习，以学生为中心，达到"教是为了不教"的目的。

5. 促进学生上课有效学习的方法

《小学数学新课程标准》中指出，有效的数学学习活动不能单纯地依赖模仿与记忆，动手实践、自主探索与合作交流是学生学习数学的重要方式。学生是学习的主人，是学习的真正主体。在课堂中如何激发学生的学习积极性，帮助学生在自主探索和合作交流中获取知识、发展能力，是新课程改革后的教师在探索的一个热点问题。

学会发现问题，促进有效学习

爱因斯坦说过："提出一个问题比解决一个问题更为重要。"因为提出问题需要创造力和想象力。在教学过程中，不仅教师要提问，还要让学生发现问题，提出问题。教师要创设各种条件，使学生敢于提问题，善于提问题，提出好问题。

教学过程中，经常有意识地创设问题情境，激发学生质疑的兴趣，以趣生疑，由疑点燃他们思维的火花，使之产生好奇，由好奇引发需要，由需要而积极思考，进而不断发现问题，提出问题。

比如，在"认识除法"一课的练习题设计中，在课前，教师可以让学生在分书或小组分学具的基础上，引导学生提出数学问题，如"每人分几本？""分给几个人？"等有价值的问题。这时，教师不仅是问题的讲解者，更是问题意识的培养者。

学会解决问题，实现有效学习

发现问题、提出问题并不是学习的最终目的，让学生充分利用身边的材料解决问题才是教育最初的出发点。综观传统的课堂教学，许多学生在提出问题之后开始等待，等待同学、教师的答案，而不是积极地解决问题。

引导学生创造性地解决问题才是学生有效的学习。学习过程中，学生能够自己解决的问题，教师决不代替；学生自己能够思考的问题，教师决不暗示。那么，如何恰到好处地帮助学生解决问题呢？

（1）建立学习小组

由于学生学习能力的发展不平衡，教学中教师经常会面临学生学习水平不一致的问题。如何让不同发展水平的学生都能解决问题呢？

采用小组学习的方法，即学生以 4 人为一学习小组，小组中学习水平各异的学生合理搭配，推荐一个学习水平较高、责任心较强的学生为组长，让不同层次学生的信息联系和反馈信息在多层次、多方位上展开。教学中，一方面，教师要及时了解学生对问题的解决情况；另一方面，教师要注意观察学生在讨论中的思维活动、学习态度、学习精神等信息，以便确定讲解的切入点。

（2）激励自主探索

"解决问题"是学生对数学知识的再创造过程，在解决问题时学生能够积极、主动地参与学习。为此，在教学中，教师应把学习的自主权交给学生，激励学生自主探索，自行解决问题。

（3）注重学具操作

"认识一个客体，必须动之以手"。事实证明，学生提出的问题，很多可以让学生自己操作学具来解决，如圆柱上下两个底面的面积相等吗？对于这个问题，教师可以让学生们自行讨论，分工合作，通过自己的方法寻找与探究答案：将圆柱上下两底面叠起来，是否重合；上下两底面的半径，是否相等；下上两底面的对称轴，是否相等等多种检验的方法中得出圆柱上下两底面面积相等的结论。在这样的学习过程中，可以培养学生动手、动脑、动口、动眼的能力，既知其然，又知其所以然。

（4）分析过程与方法

教师要提高学生解决问题的能力，教给他们一些比较完整的解决问题的过程和常用方法是十分必要的。但问题往往是错综复杂的，解决问题的手段和方法也是多种多样的，所以教师不要把过程与方法讲得过于详细。

问题解决的基本过程：对问题有一个比较准确、清楚的认识；拟定解决问题的计划；实施计划；回顾与总结。问题解决的常用方法：画图；分类；转化；类比，联想；建立模式；估计和猜测；检验。

引导参与评价，促进有效学习

参与评价是实现课堂有效学习的途径之一。引导学生参与评价，是把评价的权利交给学生，是把学生看作学习活动中不可替代的主体，激发学生的主观能动性，注重学生的潜力发展，真正体现学生的主体地位。

当学生成为课堂的主人后，人人都有机会参与评价，都可以畅所欲言，都可以自由地说出自己的看法和想法，在这样一个和谐民主的氛围里，学生学习将会更加有效。

学生在参与评价的过程中，倾听别人发言，进行评价和讨论，是对学习的改进和补充，也是对"旧知识的改造"。同学之间通过评价与交流，可以深入学习知识。在课堂教学中，只有实现课堂教学活动和学习活动的有效性，才能真正提高课堂教学的效率。

6. 激发学生上课学习兴趣的方法

通过各种方法做好课前"热身"活动，可以创设各种情境，激发学生的主动性和创造性，如以极富创意的课前导语创设美的意境，激发学生的学习兴趣。

有经验的教师是非常重视导课的，导课的方法多种多样，不拘形式，可因时因地而定，以语文教学为例，一般有以下几种：诗文名句导课；设疑造成悬念；故事作导语；使用道具、插图导入新课；利用语文贴近自然和生活的特性导课；渲染与课文内容有关的课堂气氛。教者动情，学习者方能动容。

在为活跃教学气氛设计课前导语时，力求创设以情动情的氛围，让学生受到感染，使其深刻体会到课堂的教学内容。驾驭课堂进程，注意课堂调控。课堂调控，一般包括进程节奏的控制、气氛的适当调节和学生注意力的调适等几个方面。

调控课堂氛围

心理学家认为，人只有在轻松和谐的环境中才能发挥应有的创造力。要激发学生的学习兴趣，必须营造愉悦的学习氛围，使学生在最佳的心态下学习。

优化教学过程

在课堂教学中，教师如何抓住中心，在有限的课堂教学时间内完成新课的教学，是把握这一环节的关键。所以，新课的讲解要求教师通过简练的语句，准确无误地抓住中心思想，运用生动有趣的语言突破难点、讲清重点，使学生快速掌握教学内容。

首先，让学生明确学习目标，独立尝试探索新知，引导学生发现并提出问题，积极参与教学过程。其次，教师适当点拨或引导学生再探究，帮助其得出结论，从而发展学生智能。学生在教师的启发下，积极思考、讨论和表达意见，使他们获得的不仅仅是书本知识，而且在态度、情感、价值观方面得到了熏陶。

让学生体验成功的喜悦

每个人都有成功的欲望。学生课堂学习的兴趣来自学生在学习中能够意识和感觉到自己的智慧和力量，体验到创造的欢乐。激发学生学习兴趣的最根本的方法就是让他们享受到成功的欢乐。

课堂教学过程中，教师应为学生创造条件，尽可能提供尝试成功的机会，充分寻找他们的闪光点，给予鼓励。教师还应充分尊重学生，给学生安全感和成就感。学生回答正确时，要加以鼓励；回答错误时，要给予指导；思维受阻时，要善于启发引导。总之，教师应尽最大努力让学生体验成功的喜悦。

课尾延趣

课堂教学临近尾声，教师要注意诱导性，意在言外，给学生留下充分的思索余地，以激发学生进一步探究知识的兴趣，培养学生在课堂外学习的兴趣，让学生永远保持学习的欲望。其次，广泛开展课外活动，在活动中提高学生的学习兴趣，让学生充分发展自己。

学校教育不仅是教师的事，也是全社会的事，社会为学校教育提供了一个良好的社会背景，对于培养和锻炼学生的能力，也是一条有效的途径。让学生关注社会，让学生积极参与社会实践，使学生从校内走到校外，是提高学生能力的有效方法。

总之，课堂的外延等于学习的外延。只要我们作一个生活的有心人，处处留心，时时在意，让学生把学习变为生活的一部分，变

成愉悦心灵、提升素质、发展思维、感受现实的必经途径和过程，他们就一定能够在学习中获得快乐，就一定能够对学习产生浓厚的兴趣。

7. 培养学生上课学习习惯的方法

课堂是学生学习活动的主要阵地，教师教学不仅要帮助学生获得知识，更重要的是帮助学生学会学习。所以，培养良好的课堂学习习惯是非常重要的。以数学课堂为例，应该从以下四个方面培养学生的学习习惯。

培养会思考的习惯

会思考是指学生在理解数学各种定义、定理的基础上，对于比较类似的概念加以比较、区分，通过比较、区分加深对概念的理解，从而可以运用自如。例如，我们在学习分式方程时，可以联系到一元一次方程、一元二次方程、二元一次方程等概念，通过举例子启发、引导学生思考，找出分式方程的特点，这样学生就可以牢固掌握相关内容。

培养会提问的习惯

会提问是指发现和寻找思维上的疑惑，并将存在的疑惑在课堂上向教师发问。学生积极提问，主动参与教学过程，教师便能排除学生思维障碍，帮助学生学好知识，提高课堂的效益。如果学生提出非常简单的问题，教师也应对提问的学生给予肯定和鼓励。因为这都是学生思维活动的结果，教师的表扬可以使学生的学习行为在以后的学习中持续发展，更积极地探寻"是什么""为什么"的答案。

培养会做笔记的习惯

简单地将教师的笔记进行抄写，这不是正确的做笔记方式，会做笔记是要求学生对听课中得到的知识进行整理，它包括思维方法、思考过程及存在的疑点。

做笔记能够使听课的注意力更集中，课堂学习效率更高，做笔记的过程，也是大脑积极思考的过程，有助于培养学生的思维能力，教师可用课内督促、课外检查的办法培养学生做笔记的习惯。

培养会发现的习惯

"发现"是指寻找规律，通过启发学生对问题的观察、分析、综合，归纳出一般性结论，使知识条理化、系统化。这就要求在教师讲、学生听的教学方式中，启发学生发散思维，积极探索。

在安排练习时，除了模仿性题目，还可以把一些探索性、综合性的题目穿插其中，重视一题多解、一题多变、一图多用的教学方法，指导学生在学习中学会和运用"引出问题—形成猜想—演绎结论—知识运用"等科学的思维方式，养成发现规律的习惯。

总之，教师不仅要重视学生的知识水平的提高，更应重视学生良好习惯的养成，只要教师在课堂上进行经常性的点拨，这些习惯才能自然养成，才能不断提高学生的素质。

8. 提高学生上课学习主动性的技巧

传统的课堂教学都是以学生被动接受为主要特征，以教师、书本为中心的教学模式依然占据主导地位，学生的主体地位得不到体现，学生学习的主动性、能动性和独立性更是被接连的灌输、提问和练习消磨殆尽，学生成了接受知识的容器。

　　传统的教学方式只考虑学生能学到多少东西，至于学生如何获得，能否消化，则被忽视。存在这种问题的原因，除传统教学模式的制约外，更重要的是教师观念滞后，忽视了学生作为一个人所具有的思想、情感、意志、品质。而这种状况带来的直接后果，便是学生的创新精神缺乏、实践能力薄弱，成了统一规格、缺乏个性的"产品"。

　　因此，树立新理念，创建和谐学习情境，增强学生的主体意识，让学生在积极的思维和情感活动中主动地参与教学过程就显得尤为重要。那么在教学中，怎样才能引导学生积极、主动地参与课堂学习呢？

激发学生主动参与的积极性

　　心理学家认为，学生的学习不是一个被动的吸收过程，而是以已有的知识和经验为基础的主动的构建过程。教学中，如果不能抓住教材所蕴含的兴趣因素，激发学生的学习情感，就容易导致学生缺乏学习的积极性和主动性。正如许多教育家所说，没有兴趣就没有学习。

　　兴趣是主动学习的开端，良好的开端是成功的一半。因此，教师要善于安排教学内容，科学地设计问题、设置悬念，尤其应重视实施课堂导学，将学生在课间休息时散放的心吸引到课堂学习上来。

　　成功的导入能够使学生尽快进入愉悦的学习状态，把学生带入思维和兴奋之门，为教学过程创造最佳的情知开端和背景。常用且较为有效的导入法有问题导入法、故事导入法、谜语导入法、游戏导入法、情境导入法、图画导入法、影视导入法、悬念导入法等。各种方法，只要运用得当，都会收到有效激发学生学习兴趣的效果。

　　比如，一位教师在教学《小壁虎借尾巴》时，是这样导入的：小朋友，你们非常喜欢小动物，爱和小动物交朋友。小动物有一条小尾巴，不过，它们的尾巴各不相同，猴子的尾巴长长的，兔子的尾巴短短的，

孔雀的尾巴好像一把美丽的大扇子。小壁虎也有一条细长的小尾巴，有一天，他一不小心，尾巴被蛇咬住了，为了逃命，他拼命一挣，把尾巴挣断了。

一边出示一个断了的剪纸尾巴，一边说："小壁虎多难受呀！就去借尾巴。小壁虎向哪些小动物借尾巴呢？借到了吗？最后怎么样？这又是怎么回事呢？"这样，通过创设问题情景，使学生因好奇、有趣而产生情感驱动，从而积极主动地参与到教学过程中。

创造学生主动参与的环境

民主和谐的氛围能使学生的创造力得到发展，使学生的思维最大限度地活跃起来，积极参与教学过程。

（1）实行教学民主

实行教学民主是为了给学生提供一个宽松和谐的学习环境。学生在民主和谐的气氛中学习，心情舒畅，思维始终处于积极的、活跃的状态，敢想、敢说、敢谈、敢问、敢质疑，勇于大胆创新，乐于发表意见。

课堂教学中应积极提倡：答错了的允许重答；答得不完整的允许补充；没有想好的允许再想；不清楚的问题允许发问；不同意见允许争论；教师错了的允许批评；必要时，允许学生不举手自由发表意见等。在这种民主的课堂气氛中，学生没有被同学嘲笑的苦恼，没有被教师斥责的忧虑，学习活动是充分自由的，学生全力地投入学习，充分体验学习的乐趣。

（2）建立和谐的师生关系

只有师生间互相尊重、互相学习，才能形成融洽、和谐的氛围。在和谐的师生关系中，使学生积极主动地参与学习过程。教师在教学时，若神情严肃，教学气氛必然紧张，易使学生产生压抑感，影响学

习效率。

因此，教师必须保持和蔼可亲的教学态度并保持适度幽默，与学生建立和谐的师生关系，使学生形成一种自由的、独立的、主动的探索心理。学生的求知欲得到了满足，思维也会更加活跃，勇于探究的内驱力自然也就产生了。

构建学生主动参与的平台

合作学习是新课程改革倡导的新学习方式之一。在教学中开展合作学习，有利于师生间、生生间的情感沟通和信息交流，有利于思维的撞击和智慧火花的迸发，能够强化学生的主体意识，使学生成为教学活动的积极参与者。开展合作学习能够活跃学生思维，使学生能够从与自己不同的观点和方法中得到启发，对问题的理解更丰富和全面，从而促进思维向广度和深度发展。

为使合作学习在课堂上发挥其应有的作用，首先，应努力创设合作学习的情境，营造积极探究的氛围，激发学生学习的兴趣，培养学生探究的精神，鼓励学生独立思考、合作讨论、共同探究，尝试合作学到知识的乐趣；其次，在合作学习前教师要提出明确的学习要求，要鼓励学生在学习中畅所欲言，尽情地展现自我；再次，要注意通过开展小组评比等形式，激励学生学习。

合作学习虽然有利于培养学生集体意识和合作精神，但如果组织不当，就很容易出现拉大差距的现象，学习成绩好的始终"唱主角"，学习成绩差的学生总等待别人的帮助，等待别人说出答案。所以，通过开展小组评比等活动，小组内很容易形成互帮互学的好学风，也给了每个学生获得成功的机会。

合作学习虽然是一种重要的、有效的学习方式，但并不是万能的，它还应与其它学习方式有机结合，特别是与自主探索有机结合，才能

发挥出更好的合作效应。因为自主探索是有效合作学习的前提和重要保证，合作学习离开了自主探索这个前提，就失去了其原有的意义和作用。

因此，在教学中，教师既要给学生独立思考、自主探索的时间和空间，又要为学生合作学习创造机会，让学生在自主探索的过程中理解知识，在与同学合作交流中逐渐完善自己，充分发挥合作学习的实效性。

使学生产生主动参与的动力

实践证明，学习上的成功，能够满足学生成就动机中自我提高的需要，增强学生的自信心，使学生获得成就感，产生强烈的新的内驱力，给学习新知识带来动力。这种动力将促使学生不畏困难，不断向新目标迈进。因此，教师要不断鼓励学生尝试、探索，体验成功，承认学生的个性差别，因材施教，善于鼓励每个学生，让学生人人都有机会获得成功，人人都体验到不同层次的满足感。

在面向全体学生的前提下，兼顾优等生和后进生。对后进生要特别关注、关心，对他们寄予希望和期待，学习上对他们要"多鼓励、树信心、教方法、快反馈、速评价"，给他们创造更多表现自己的机会。

以课堂提问为例，提问要难易适度，要根据学生的实际情况设计问题；又不可过难，以防学生茫然失措，产生畏难情绪。当学生在回答问题遇到困难时，教师应适时、巧妙地给予启发，让学生能够准确地回答问题。

比如，一位教师在教学《比尾巴》一课时，创设了"到森林王国进行猜尾巴"的游戏活动，把小动物藏在松树、草屋、花丛等不同的地方，只露出一条条尾巴，让学生看一看、猜一猜。这个活动，虽然难度不大，但是可以营造良好的课堂氛围。

学生通过观察、比较、思考，找到了答案，体验了成功的喜悦。满足学生们的不同需求，可以形成"参与—成功—参与"的良性循环，使学生持续保持自主参与学习的动力。

树立学生主动参与的信心

教育心理学研究证明，正确的评价、适当的表扬、热情的鼓励，都是对学生学习态度和成绩的肯定，它可以激发学生的上进心、自尊心等。

一般来讲，对学生的评价应该表扬、鼓励多于批评、指责，这样能更好地激发学生积极学习的热情。因此，教师在课堂教学活动中，要以正面鼓励为主，要充分相信每一个学生能够"掌握"教学内容，激励每一个学生主动参与学习。

尽管合作学习和分组讨论可以调动学生主动参与学习的积极性，但是如果组织不到位，仍然会造成优等生活跃、中等生寡言、后进生旁观的情形。因此，教师应善于观察和发现学生的闪光点，及时给予肯定。尤其是要为后进生争取更多的机会，使每一个学生都有均等的机会和权利，尽现其力，各展所长。

比如，教学《称象》一课时，为了使学生能清楚表达称象的过程，教师可以要求学生自制小船、大象、秤等教具，按步骤重复曹冲称象的过程，并密切关注后进生的活动。如果发现他们态度认真，步骤清楚，提问时能清楚连贯地说出曹冲称象的过程，教师在肯定他们成功的同时，还要鼓励他们思考更多的称象方法。

当他们的想法得到教师和同学的赞扬后，势必会增强他们主动参与教学活动的信心。

对于部分思考问题还不够成熟的学生，只要参与，教师就可以给予鼓励，并把他们的参与同集体解决问题的成功联系起来，以帮助

他们享受成功的快乐，这同样是一种动力。

有效的评价语言，也是鼓励学生主动参与学习活动的一个重要方面。学生回答问题准确，用"你回答得棒极了""你真会动脑筋"予以表扬；对欲言又止的学生，用"胆子大一些，试试看，老师会帮你的"给予鼓励。

当学生完成了任务后，即使学生做得不够好，教师可以从不同的角度，使用学生易于接受的语言，评价学生的完成情况，在使学生了解了不足的同时从中受到鼓舞。长期坚持这样的教学方式，可以发现，学生学习的自信心和主动性会明显增强。

9. 提高学生上课学习效率的方法

课堂教学是整个教学过程的中心环节，上课显然是学生学习的中心环节。因此，指导学生掌握有效的上课方法、提高上课效率，有着十分重要的作用。

充分做好课前准备

（1）做好知识上的准备

知识上的准备主要包括旧知识的复习准备与新知识的预习准备。对新知识的预习应抓住难点，明确听课重点，是一种重要的听课准备。

孔子曰："温故而知新"。上课要接受新知识但也要温习旧知识。预习的过程，是一种旧知识的温习过程、准备过程，也是由旧知识向新知识过渡的过程，即温旧纳新的过程。学习某种新知识，要运用哪些旧知识，联系哪些旧知识，哪些要做到重点准备，都要做到心中有数。

只有这样，才能在听课中把新知识纳入旧知识体系之中，形成崭新的知识结构。

（2）做好心理上的准备

上课学习需要学生有充沛旺盛的精力和健康的身体，为了做好身体上的准备，要求学生必须做到三点：一是要有充足的睡眠和充分的休息；二是要注意饮食与营养卫生；三是要有良好的心理准备。其中，上课要有良好的心理准备，这是一条被多数学生忽视的十分重要的准备。实际上，学习过程是伴随着学生的动机、情感、兴趣、意志、毅力和个性等心理因素参与的运动过程，其参与度与学习效率成正比。

学生上课的心理准备尤其重要，专家研究认为，学生只有在心理准备充分的基础上，心情非常愉快的情况下，才能充分激发自己的学习潜能，才能提高学习效果。为此，教师的责任主要表现为两个方面：一是引导学生达到最佳的心理状态，二是切忌授课前或授课中挫伤或压抑学生的积极心理因素的发挥。设想，在课前或课堂上，由于一个学生不守纪律，教师训斥，甚至辱骂、体罚学生，这不仅使不守纪律的学生听课的心理状态降到最低，也使全班学生情绪低落，势必会影响教学效果。

听课要全神贯注

系统论原理指出，学习新知识是信息接收、信息加工、信息贮存、信息输出、信息反馈再到信息接收的循环往复的过程。在课堂教学活动中，这种信息活动的过程不是一次，而是多次。

学习效率，取决于信息渠道的畅通与信息活动的质量。听课是接收信息，是信息活动的第一道关口，能否全神贯注，决定信息接收的量和信息活动的质，决定整个学习过程的效率。

全神贯注地听课，即高度集中注意力，充分调动多种感观参与听课，不一心二用。许多学习优秀的学生在课堂上全神贯注地听课，不乱想、不乱动、不乱看，努力排除听课干扰，做到眼到、耳到、手到、心到；边看、边听、边想、边写，思维处于高度竞技状态之中。当然，一堂课几十分钟始终保持全神贯注是不可能的，也是不必要的，更是违背心理活动规律的。

一个优秀的学生，既能紧跟教师的教学思路，也能在必要时，进行缓冲、舒展，自动调节，以作提神之用。学生可将注意力集中在自己预习中发现的难点的讲授上，集中厘清教师讲授思路；对于自己已懂的内容，可以适当放松大脑，以求注意力新的集中。

积极认真地思考

学习离不开思考，听课是学生学习的一种形式，也离不开思考。"思则明，不思则暗"，没有思考，就不能理解新概念，掌握新旧知识之间的内在联系便是一句空话，听课的实际意义也就不复存在。学与思是辩证统一的，相互转换的。

学是接收、贮存信息，思是判断、处理信息，思维总得有思维着的东西，思维着的东西即是学得的知识，知识便是思维的"原料"。

学是基础，思是发展，学的过程即思的过程，学必思，思在学中，善思才算善学。爱因斯坦说过："提出一个问题往往比解决一个问题更重要。因为解决一个问题也许仅是一个数字或实验上的技能而已，而提出新的问题，新的可能，从新的角度看旧的问题，却需要有创造性的想象力，而且标志着科学的真正进步。"

课堂上的积极认真思考，就是要思考所学的内容，了解它与旧知识的联系及在实际中的运用。

（1）要弄懂当堂的新知识

听懂新知识是上课的目的，是发展智力的前提。听课不求甚解，

"当堂不懂课后补"的做法，既浪费时间，又不利于发展智力。何谓"懂"？一是把新知识的概念弄明白；二是把道理弄明白，即把新旧知识的内在联系弄明白。

从系统论角度来认识这个问题，听明白概念或结论是实现输入信息有效性的保证，弄明白其道理即明白新旧知识的内在联系是信息加工的过程；没有听懂作保证，即没有输出信息有效性作保证，信息加工便不可能进行，信息贮存、输出、反馈也就不复存在，听课也就失去了实际意义。

（2）要厘清教师的思路

教师的思路，即教师讲课过程中运用的思维形式、思维方法、思维规律。学生听课不能仅满足于把新知识弄懂，还应把教师讲课的思路厘清。厘清教师思路的意义在于，在掌握知识的同时，学习如何运用科学的思维方法，发展能力，掌握治学本领，这是我们研究学习方法的根本意义所在。

有学者指出："听课的目的，是把自己的思维方法与教师的做比较，找出差距，培养自己的思维能力。"可见，厘清教师讲课思路的重要意义。事实也证明，这种听课方法也正是那些优秀学生所共同运用的方法。

（3）要善于问答

在课堂，必须善于提出问题，但也不可乱问，一定要认真思考，问到点子上，问到关键处。旨在寻求答案的问于培养能力无益，旨在寻求思路的问是善问之道，并有助于培养能力，学生在善问的同时，还要养成喜欢积极回答和善于回答教师在课堂上所提出问题的习惯。

10. 提高学生上课学习效率的技巧

学生的课堂学习有许多类型，但是从目前的情况来讲，听教师的讲解是一种最基本的学习方法。因此，本部分主要讨论学生在课堂学习过程中听教师讲解的技巧问题。

要在课堂学习的过程中，保证能够听好教师的讲解，并掌握教师讲解的内容，一方面应该主动地学习，充分调动自己的主动性；另一方面，应该注意运用一些科学的听课方法和技巧。

做好听课的准备

听课准备工作将直接影响听课的质量。听课的准备工作主要包括以下几个方面的内容：

（1）知识的准备

这主要是通过预习的方法了解自己是否掌握了听新课所需的知识，如果发现自己还不具备相应的知识基础，便要在听课之前及时补充相关内容。这样可以保证在教师讲新课的时候"听得"懂。

（2）物质的准备

教师在讲课的时候，往往是根据课本的内容来设计教学内容的。另外，学生在具体的听课过程中，需要记录一些重要的内容。有时，教师讲解需要一定的学习用具配合。因此，学生在做听课的准备工作时，应该准备好使用的课本、笔记本和其它的学习用具。

（3）精神的准备

听课的精神准备有两个方面：一是调整好自己的心理状态；二是注意劳逸结合，保证上课有充沛的精力。

集中注意力

阅读、思维和观察等学习活动都是可以服从个人的意志、能力和愿望进行控制。但是，听教师讲解这种学习活动就不同，它不可能自己进行有效的控制。这是因为，这种学习活动涉及另外一个人，即教师。因此，在做好准备工作的基础上，要听好课，首先要集中注意力。

学生在课堂上听教师讲解学习内容，听觉通道的畅通当然是十分重要的。但是仅仅把学习活动的主要着眼点放在"听"的方面还是不够的。如果仅仅是"听"，那么听懂不一定是掌握。从听懂到掌握之间存在一个思维过程。

因此，学生在听课时，不仅要用耳朵听，而且要用"心"想，即听课过程中，大脑思维活动一定要跟上教师的讲课节奏，保证高效的课堂学习效率。

听课要有针对性

听课的针对性是指要根据自己的实际情况来安排具体的听课方法。这是听课技巧的一个重要方面。毫无疑问，在讲课的过程中，教师的教学方法要符合班级内每一个学生的学习需求，这仅仅是一种理想的境界，在实际的课堂教学过程中，教师是很难做到这一点的。因此，学生在听课时，应该根据自己的实际情况，运用一定的技巧，调整自己的听课活动。

积极地回答问题和提出问题

教师在讲解教学内容的过程中，为了激发学生的学习兴趣、调动学生的学习积极性和了解学生的学习情况、效果，会向学生提出各种各样的问题或者会鼓励学生提出相关的问题。对此，学生应该积极踊跃回答问题和提出问题，配合教师做好双向的交流与沟通。

正确处理听课和做笔记的关系

在听课的过程中，做笔记是十分必要的，但是，"听"和"记"毕竟是两回事。注意力分配在听课上面，笔记就难以记全，而将注意力分配在记笔记上，听课的质量就会下降。

因此，需要正确处理听课和做笔记的关系。笔者认为，对于学生的听课来说，正确的方法和技巧应该是"以听为主，以记为辅"。听课的主要注意力应该集中在"听"的方面，至于"记"的问题，只需要记一些重要的内容。

听课应该注意教师所用的方法

学生学习成绩是由多重的因素决定的，学习态度是关键，学习方法是根本。学习的动机、方法的使用与研究、学习效率的达成是互相影响的，犹如哲学家所研讨的一些问题一样，不能割裂来看，应从整体来看。因此，学生听课时，应该结合教师所用的方法，随时改变自己的听课方式和学习方法。

11. 促进学生上课有效倾听的方法

新课标指出，学生是学习的主人，教师在教学中必须充分发挥学生的主体作用，引导学生全方位、高质量、多层次地主动参与、自主学习。

课堂上，教师一味追求学生学习的积极主动性，总想让学生多发言，活跃课堂气氛，却无形中忽略了倾听的重要性，其实，倾听远比发言更重要。"听"是人们一切语言交际活动中最重要、最基础的环节，是人们获取信息、求得知识的主要途径。

只爱自己说话而不倾听别人说话的学生是不可能学得好的，正所谓"一双灵巧的耳朵胜过十张能说会道的嘴巴。"人的生存、学习、发展乃至创造，都必须有较好的倾听能力。

听，是语文学习的精髓，培养倾听能力对于学生而言尤为重要，教师应该引导学生学会倾听，让有效倾听始终贯穿课堂，促进学生自主参与课堂学习，进而提高课堂实效。

言传身教，树立倾听榜样

"你上课要专心听讲啊。"当教师这样提醒学生时，别忘了自己也要敞开心扉，打开耳朵，用心倾听学生的回答，倾听学生的心声。教师只有在课堂上实现真正的倾听，才能促使学生自主、积极地投入学习。

教师以饱满的热情、专注的神情、欣赏的态度公平地对待每一个学生的发言，不打断、不制止、更不能取笑学生，用足够的耐心包容学生，引导学生多想多说，让学生在轻松愉悦的课堂教学活动中树立自信，掌握知识。

具有倾听意识和习惯的教师不会仅仅满足于倾听学生的发言，还善于在倾听时了解学生发言背后的思绪和情绪、想法和需求，并加以热情的呵护和细心的引导，必要时有针对性地调整教学计划。学生是从教师的言行中学会倾听的，教师要特别注意言传身教，为学生树立榜样。

润物无声，强化倾听意识

可以在教室的墙上粘贴与倾听有关的名言。例如：一双灵敏的耳朵胜过十张能说会道的嘴巴；听也是读，用耳朵来读。让学生们多读优美的诗句、故事或谜语。每周评出几名"倾听能手"，向大家介绍自己认真倾听的方法。以润物细无声的方式暗示、引导孩子善于倾

听，化有限的空间为倾听的乐园。

在课堂上，教师的注意力往往会集中在那些正在"读"或"说"的学生身上，而常常冷落了更大一部分正在"听"的学生。因此，教师要有意坐到"听众"中间和学生们一起听，让学生们明白，"倾听"不只是学生的事，也是教师的事。

在倾听学生发言的时候，注意环顾四周，以了解其他学生听的情况。对听得认真的学生，教师的赞扬，能够让学生品尝到成功的喜悦和满足，一个眼神、一次表扬、一个微笑往往可以收到事半功倍的效果。

"瞧，伟志今天听得多认真啊！""大家看，石瑞不仅听懂了别人的发言，还加进了自己的想法，多棒啊！""鸿飞真厉害，这么小的区别都被他听出来了，他有一双金耳朵！""老师欣赏积极发言的孩子，老师也同样喜欢专心倾听的孩子。"

往往受表扬的是一个，受益的是一大片。教师的评价可以调动学生们的积极性，让他们一个比一个听得认真。强化倾听意识，就是让学生时刻感受做一名倾听者的价值。

12. 发展学生上课学习智慧的技巧

德国的著名教育家斯普朗格说过："教育的最终目的不是传授已有的东西，而是要把人的创造力量诱导出来，将生命感、价值感唤醒。"教育须承诺知识的传授和智慧的开启，教育也须承诺身心的训育和人生境界的润泽与点化。

由此看来，精彩的有智慧的课堂在于课堂上传授了多少知识；在于课堂设计的基础性、拓展型与研究性；在于教师引导学生有层次地深入文本，挖掘作品的文化内涵和精神矿藏，从中汲取思想、感情和艺术的营养，以滋养学生的心智，润育学生的灵魂，丰富深化学生对社会、人生的认识，提高学生的人文修养、精神境界和文化品位；在于教师在组织学生感悟文本、研读文本、探讨交流时，启迪学生在交流中进一步感悟智慧、实践智慧、内化智慧，最终达到发展智慧。

联系个人生活，回归自身

家庭熏陶、个人生活际遇和亲朋交往等构成了学生的个人积淀。特别当学生经历了丰富多彩的童年，正处在充满憧憬的少年时期，这期间的亲身经历对学习而言是一笔宝贵的财富。

例如，学习《社戏》可以让学生联系童年经历加深理解。每个人都有属于自己的童年：天真烂漫的小伙伴，无忧无虑的笑声，丰富多彩的趣事。在你记忆的宝库中有没有"双喜"？有没有"阿发"？学习《竹影》，可以让学生思考：童年时，我们在生活中经常做游戏，如用泥巴造城堡，用雪堆娃娃，用野花编花环。回忆一下，你是否也进行过艺术上的创作？是否也有艺术上的发现？游戏与艺术有什么关系？

联系社会现实，回归生活

知识的课堂之所以需要向生活世界回归，就在于生活是学生智慧生成的源泉。离开了生活的启迪，学生也就失去了可贵的灵气。正因为如此，我国教育家陶行知先生认为，"教育要通过生活才能发出力量而成为真正的教育"。

比如，学习《斑羚飞渡》，可以让学生联系生活，说一说人们伤害动物的行为、自然保护区志愿者与盗猎分子的斗争及自己的感受，然后再谈一谈课文中猎人的行径，学生的感受与体悟将会更加深刻。

当然我们反对脱离文本的一味迁移，语文教师应时刻记住：回归生活的课程生态观，虽然意味着学校课程应突破课堂的束缚，向自然回归、向生活回归、向社会回归，但联系生活后，一定要引导学生回到文本，让学生立足于文本、直面文本、研读文本。那种脱离主要教学内容和活动任务的所谓"回归生活""联系生活"对学生的成长是有害无益的。

走出学校大门，回归实践

学生从小就生活在母语的环境里，学习资源和实践机会无处不在，无处不有。语文课堂不应是封闭的知识训练营，教师要引领学生积极参与社会实践，让学生走出教室，走出校门，使语文课堂更加丰富多彩。

例如，学习《综合性学习·到民间采风去》，可以让学生分组搜集各民族的信仰、禁忌、衣食住行等方面的资料。然后整理资料、摄影作品、配有文字介绍的实物，举办一次民俗文化展览。

此外，可以采写新闻通讯稿，报道这次活动的情况，或就发现的问题写一则小评论。学完《喂——出来》，可以让学生到自己生活的社区、城镇周边，调查环境污染问题，探究污染原因及危害，提出整治措施，写出调查报告并递交主管部门，供其参考；同时，能引起其他学生对环境问题的关注。

诵读经典作品，回归个性化阅读

语文教育的工具是语言，使用的主要材料是文学作品，它们饱含文化智慧和生命热力。但课内选文是远远不够的，语文学习"三分课内，七分课外""得法于课内，得益于课外"。教师要积极鼓励学生通过阅读、积累、体验，从文学作品中汲取智慧。

在阅读中，教师要注重引导学生大胆质疑，对文本进行个性化

的解读，因为经典是需要反复品味的，经典是常读常新的，"一千个读者就有一千个哈姆雷特"说的就是这个意思。

教师要鼓励学生互相讨论、互相争辩、互相促进，共享彼此的思考、交流彼此的见解、感受彼此的情感，使学生对经典拥有深刻的不同的感悟，实现个体的超越、文本的超越。另外，人总是有着一种生命的创造冲动，教师应该呵护、关怀、唤醒并张扬人的这种生命冲动意识，支持学生追寻自我、张扬个性，实现自我充分、全面的发展。以下方法可供参考：

（1）重设人物命运

例如，假设当初死的不是晁盖，是宋江，梁山好汉会怎样？假如鲁滨逊没有获救，还待在荒岛上，后来还可能发生什么事情？

（2）续写悬念故事

例如，读完罗伯特·巴里的《半份儿礼物》，可让学生想象当父亲问"我"送给母亲的礼物是什么时，"我悲苦地说"，听到这，母亲又会怎样？

（3）穿越时空对话

例如，范进这个在科举道路上摸爬滚打了大半辈子的人站在你面前，你将对他说些什么？你与羊脂球不期而遇，你想给她怎样的忠告？

（4）反观身边生活

语文源于生活，反映生活而又服务于生活。教师要引导学生多读一些贴近生活的时代新作，培养他们洞察现代生活的能力。例如，读《中华活页文选》的《咏儿和慧儿》一文，学生自可感悟"文明"的内涵，接受"文明"的熏陶，明晰"文明"的方式。然后让学生也运用以小见大的手法，描写生活中的文明或不文明的行为，谈自己的

见解和感悟。

（5）品味经典语句

品味经典语句是为了更好地感知语言、运用语言和发展语言，是一种积极的、创造性的思维活动。朱光潜在《咬文嚼字》一文中写道："无论阅读或写作，我们必须有一字不肯放松的谨严。文字表现思想情感，文字上面有含糊，就显得思想还没有透彻，情感还没有凝练。咬文嚼字，在表面上像只是斟酌文字的分量，在实际上就是调整思想和情感。从来没有一句话换一个说法而意味仍完全不变。"朱光替先生所说的"谨严"，就是"咬"和"嚼"，就是古人那种仔细"推敲"的精神。课外阅读时，教师必须引导学生发扬这种精神。比如，读贺敬之的《回延安》"几回回梦里回延安，双手搂定宝塔山""满心话登时说不出来，一头扑在亲人怀"，就可以让学生推敲一下"搂""扑"的妙处，品味诗人对延安、对延安人民日思夜想的渴盼、久别重逢的喜悦与激动之情。

可见，语文教学不能刻意追求知识的系统和完整，要提倡开放、灵活的学习方式，用生命去温暖生命，用生命去呵护生命，用生命去撞击生命，用生命去滋润生命，让课堂充满生命的气息，涌动生命的活力，让生命之花尽情绽放。

通过教师智慧的引领、智慧的点拨、智慧的拓展，形成人人参与、自由对话、真诚沟通的学习氛围，开创学生思维任意驰骋、不断创新的新境界，以点燃学生的智慧之光；要打破课堂与生活的界限，要让学生在持续的思考、探究、实践中自觉地拓宽课堂的空间，使学习的过程由课内延伸到课外，让学生在学习语言文化的过程中，感悟自身与世界的存在，获得对生活与生命的体验。

通过与环境、与他人、与文化的反思性相互作用形成自我感，为学生更加积极地参与创造新生活、创造新人生、创造新文化打好基础，最终实现教学由传授知识到启迪学生感悟智慧、实践智慧、内化智慧、发展智慧的转变。

13．调动学生上课学习主动性的方法

学生上课学习主动性的定义

学生上课学习主动性包括社会适应性和学习适应性，而学生的主要活动是学习，学习主动性是其整个主动性的核心。学习主动性是影响知识、技能掌握和智能发展的一个重要因素。

不仅如此，与学习主动性有关的内部心理品质，如需要、自信心、意志、情绪情感等就是个性中最活跃、最核心的因素，是影响主体性发展的关键性素质，因而学习主动性也是教学的一个最直接、最终极的目标。

调动学生上课学习主动性的意义

提高教学效果和节省时间是教学最优化的标准。优化教学过程，就必须树立以学生为本的思想。只有学生积极主动地投入学习中，才能达到教学最优化的标准。因此，在教学过程中，教师必须承认学习可能性差异的客观存在，懂得如何发现和发展学生的潜力，选择适当的教学模式和教学方法，从而追求教学过程的最优化。

教学过程的效益取决于师生双方的积极性和主动性，课堂上调动学生的学习主动性和积极性，是教学成功的关键。可是，如今有的学生在课堂上学习的主动性与积极性不高，呈被动状态或消极状态。

比如，让学生朗读课文，做到正确、流利、有感情，有的学生很被动，

就是不张嘴，不放声读，怎能培养语感？教师发现了，要求他放声读，才勉强读起来，下次不关注他，又依然如故。有的学生，教师让学生带着问题默读课文，他两眼无意识地盯着课文，教师提醒，才开始默读，经常有这样的现象发生。有的学生，上课虽不违反纪律，但听不进，思想开小差，教师提问，竟不知问的什么问题？因此，分析学生上课被动的原因，探索科学的方法，采取切实可行的措施，提高学生学习的主动性和积极性，无论对学校教育还是对学生发展来说都具有十分重要的现实意义。

（1）有利于激发学生的学习兴趣

激发学生的学习兴趣，学生在兴趣驱动下能产生参与欲望。"兴趣是思维的动力""兴趣是最好的老师"。当学生对某件事情产生兴趣时，注意力就会特别集中。这时，他们的求知欲望强，思维敏捷、反应灵敏，学习积极性高。

抓住学生这一心理特点，教师应精心设计教学，在教学过程中，经常设置悬念，激发学生的求知欲。巧设提问，启发学生思考，提供实践机会，让学生亲身体验，分享成功的喜悦。给枯燥的知识赋予情趣与活力，以此激发学生的求知欲和学习兴趣。学生的学习兴趣提高了，学习成绩自然而然就上去了。

（2）有利于增强学生的自信心

心理学研究表明，每个人自身存在的潜能是巨大的，只要有坚定的信心和不屈的竞争意识，通过努力都会获得成功。在教学活动中，教师应牢固树立以学生为主体的观念，相信每一个学生通过努力都可以有所发展，及时激励学生，善于捕捉学生的闪光点，及时给予有针对性的评价和鼓励。这样不但能使学生获得成功的喜悦，还能激发其它学生的竞争意识，使学生产生"他行，我也行"的想法，从而调动学生的积极性，增强学生的自信心。

调动学生上课学习主动性的方法

（1）为孩子营造兴趣环境

日本教育家铃木镇一能够让800个三四岁的孩子一同拉小提琴，他又是如何做到这一点的呢？当有的孩子到他的艺术学校去报名的时候，他首先要让孩子的母亲学习简单的琴法及演奏。把小提琴学得很精通不容易，但是演奏简单的曲子对于成年人来说还是不难的。而后，再让孩子到班里去旁听，让孩子感受其他的孩子是如何演奏的。当孩子看到如此多的同龄小朋友都能演奏，一定会产生一种内心触动。

离开之前，铃木镇一还要送给孩子几盘音乐磁带，不仅让孩子的妈妈来演奏小提琴，而且让孩子听音乐磁带，去感受音乐的美妙。这之后即便是孩子不主动提出要学习小提琴，哪怕是家长提出要送孩子去学琴，孩子也往往不会拒绝了。

（2）为学生创造活动空间

热情主动、喜欢自由是学生的天性，教学应符合学生的需求与发展规律。学生正处在张扬个性的时期，教师应当抓住这一关键时期进行正确引导，为学生创造属于自己的活动空间。

①重视课前预习，做好学习方案。课前，必须让学生明确学习任务，布置学习方案。教师要精心设计学习方案，把握新旧知识的衔接点；新知识中的易错点、易混点、关键点、规律、思想和方法等一系列问题都设计到学习方案中，教学方案的设计要遵循由浅入深、由易到难、由表及里的原则。

学生在设计学习方案时，可以将产生的疑问及自己的感悟写在学习方案里，以便在课堂上相互讨论，合作探究，为课堂上的学习活动做好铺垫。

②课堂中发挥学生的主体作用。教师应恰当地组织学生的学习活动，创设人人参与的教学情境，发挥学生的主体作用，鼓励并尊重学生独立思考的权利，激发学生学习的主动性、创造性。

每一个学生都可以根据不同的知识基础和生活经验，对所学的内容有不同的体验、认识、选择、评价、重组和整合，真正把知识变为自己的一种能力。

当学生的主体地位被确定的时候，当学生的主体作用被充分发挥的时候，学生学习的积极性、主动性和创造性就会被完全地激发和释放出来。

③给学生提供一个展现自我的舞台。每一个学生都有强烈的表达欲，都渴望得到教师和同学的认可，都愿意成为主角，教师要善于给学生提供表达的场景和舞台，充分展示学生的个性和能力。教学中采取灵活多样的教学形式，让学生进行游戏和表演，把枯燥的学习变为快乐的学习。

④培养学生的合作能力。合作不仅可以提高学生学习的积极性、创造性，而且有利于培养学生的合作意识、团队精神。"尺有所短，寸有所长"，要善于发现和挖掘学生的长处，求知的过程要提倡个人"资源"互补、优势共享，才能少走弯路，共同提高。合作不仅能够使后进生在优等生的帮助下得到提高，而且能够使优等生在帮助后进生的同时，提高自己的成绩。

（3）为学生营造思维空间

课堂教学应培养学生的创造性思维，提高学生的思维品质。创造性思维需要以生动活泼、和谐民主的教育氛围为前提，教学过程应该自始至终充满温馨宽容的气氛，让学生在思维上积极，在情绪

上放松，没有压抑，能够愉快地敞开自己的心扉，充分展开思维的翅膀。

能让学生观察的，尽量让学生观察；能让学生思考的，尽量让学生思考；能让学生表达的，尽量让学生表达；能让学生做结论的，尽量让学生做结论。

课堂教学中，教师要经常鼓励学生主动参与，学生和教师一起提出问题，讨论问题，解决问题。学生有了自信就会敢想敢说，这样不仅提高了学生的胆量，增强了自我表现意识，而且激发了学生的学习兴趣，活跃了学生的思维。

把教的过程转化为学的过程，让学生去揭示问题；让学生去探索知识；让学生去发现规律；让学生去归纳学法；让学生去评价效果。

（4）为学生提供选择机会

以往的教学活动中，学生没有选择的机会，致使学生学习兴趣较低。"问题·分层·活动"课堂教学模式解决了这一问题。分层即在班级团体教学中，依据教学目标，从学生的实际出发，确定不同层次的要求，进行不同层次的教学，给予不同层次的辅导，组织不同层次的检测，使人人有兴趣，个个有所得，在各自的"最近发展区"得到最充分的发展，全面提高学生的素质，有效提高教学质量。

学生们可以有选择地说，有选择地读，有选择地背，充分发挥他们的主体性和创造性。让学生选择，可以减轻学生心理负担；让学生选择，可以还学生创新的自由。

（5）为孩子提供兴趣

德国教育家卡尔·威特为了让自己的孩子对地理知识感兴趣，就经常领着小卡尔·威特到附近的村庄去游玩。让小卡尔·威特登到村庄的最高处俯视四周，然后让他仔细地画出村庄的道路及其明显

的建筑物，这样便可加深孩子对抽象地图的形象理解，使其对地理更有兴趣。

（6）父母对孩子要有信心及耐心

首先，要相信自己的孩子一定会有某方面的天赋。然后，在生活中细细地观察，不错过任何一个生活细节，去观察孩子的内心潜质。如果还没有发现孩子的兴趣，可以让孩子积极参与学校、家庭、社会上组织的各种活动，从中观察孩子的兴趣。最后，在培养孩子兴趣的过程中，父母应时刻鼓励孩子，帮助孩子树立信心。

（7）采用多种方式促使学生建立学习目标

学习目标是教学要求转化为学习行为和内部需要的"中介"。只有帮助学生在自愿、自主的基础上建立学习的具体适当目标，知道自己在某段时间内该做什么，自己应该从哪些方面努力，才能产生积极、持久的动力。

新学期开始，教师应抽出专门课时组织学生学习，通过教师的讲解、分析，学生讨论等方式，让学生了解本册教材的内容、要求、重点、难点；在自我分析的基础上，结合教学要求编制适合自己的学习目标，形成文字甚至具体到每天应掌握多少字词，朗读几遍课文，几天写一篇日记等等。

通过自我检查、同学互相检查和教师抽查等方式进行评价和督促。在课堂教学中，教师在学生课前预习的基础上组织学生分析讨论本课的教学目标，明确学习的重点。学生明确了要求，知道了要掌握的内容后，学起来就有方向、有劲头、有效率。

（8）建立教师精讲来激发学生积极性

小组合作学习和学生自主学习相结合的课堂教学模式，可以激发学习的积极性，引进小组合作学习模式，按学生的性别、基础、能力、性格等进行合理搭配。

小组学习的要求有三点：以个人竞争为主转变为以小组竞争为主；消除对后进生自尊和自信的损害；培养对集体负责的学习动力和合作意识。

具体做法：课堂教学中向各小组提出相同的任务，各小组内部通过分工或合作的形式掌握任务，教师检查小组的集体成果来确定优胜组。在引进小组合作学习的同时，加强教师精讲并与学生自学相结合。精讲仍是课堂教学的一个主要形式，对于有些课文和教学内容，不能仅用讨论和自学的形式掌握。

（9）采用评价方式来提高学生的积极性

在教学过程中，我们应该注意评价对学生可能产生的消极影响，避免对学生自尊的损害；实行充分奖励，发挥评价的激励功能、反馈功能；引导和鼓励学生体会自己的进步，消除后进生的沮丧情绪，增强自信。

在编制教学目标的基础上，规定基本要求，只要达到要求就给予奖励；采用学生与教师之间的多元评价方式进行评价，如学生互评、学生自评、学生评教师、教师评学生等，在评价内容上改变过去单纯的结果评价，注重对学习过程、学习方法的评价。

每单元、每学期结束后，教师均应引导学生有重点地进行多种方式的评价，并使之成为教学的一个固定环节，逐步养成学生自我分析的习惯。如引导学生问自己，我学到了什么？还能学更多吗？怎样改进？今后应朝哪些方面努力？

好的教育离不开好的评价，教师要尊重每一个学生，对每一个学生的评价必须公正。坚持过程性评价与终结性评价相结合的原则；坚持学生自我评价及小组评价相结合的方式。

评价，可以增强学生的信心，调动学生的积极性，激发学生的学习动机，可以使学生对自己的学习方法和学习质量进行自我反省、完善，发现自己的进步与不足，并不断地采取改进措施。

学生是教学过程的主体，教师应把课堂学习的主动权交给学生。充分发挥学生的特长，提高学生的兴趣，体现学生的爱好，使学生根据自身的实际情况得到发展。在学生自主发展的课堂教学中，学生能够体验到成功的喜悦，教师能够体验到教学相长的喜悦，品味到与学生共同发展的幸福。

（10）建立尊重、关心、理解的合作型人际关系

合作型人际关系可以使人际关系成为动力，促进学习主动性的发展，良好的人际关系是学生学习主动性的基础，只有消除敌对、冷漠等不良人际关系，建立师生间、同学间的和谐感情，学生才能把精力放在学习上，愉快学习、接受教育，健康地发展。

建立尊重、关心、理解的合作型人际关系的过程中，教师需要注意加强学生间的交流。通过合作技能训练、优等生帮后进生、集体帮个人、小组成员特长展示等活动培养同学间的互相认同、相互帮助、相互团结的集体荣誉感，增强交流的信心和热情。

14. 学生语文课上的学习方法

"学以思为贵"。爱因斯坦说："学习知识要善于思考、思考、再思考，我就是靠这个学习方法成为科学家的"。牛顿说："如果说对世界有些微贡献的话,那不是由于别的,而是由辛勤而耐久的思索所致。"可以说，一切有成就的人都善于思索，都有好思的习惯，要多给自己

提几个问题，多问几个为什么，加强自主学习。

教师在指导学生自主学习时一定要注意多启发，多反问。学生所提的问题即使不恰当，也不要挫伤学生的积极性，要充分肯定学生积极动脑的一面，保护学生的学习积极性，从而提高教学效果。

开展合作交流，优化合作成果

在学习的过程中，学生会产生各种各样的问题，是知难而退，还是寻找伙伴合作解决，这需要教师有意识地引导。因此，教师应组织开展合作交流，优化合作成果。通过合作，可以发挥群体效应，互相帮助、促进、检查，教师稍加点拨即可，即节省时间，又使学生在合作交流中巩固旧知识、掌握新知识。

比如，教学《第一次抱母亲》一课，可以这样设计：学生自学课文，圈出不认识的字，感知课文内容。学生再读课文，划出不懂的语句，写出自己遇到的问题。

由于学生个体之间存在差异，因而他们圈的字，划的句子，写的问题不尽相同。有的圈"瘦""摔"等；划的词语有"愧疚""翻山越岭""突发奇想"等。写的问题：母亲竟然这么轻，为什么很难过？愧疚地望着母亲那瘦小的脸，为什么"愧疚"？忽然看见，有两行泪水从母亲的眼角流下……为什么用省略号而不用句号。把这些问题放到小组讨论、辨别交流，不能解决的问题师生共同讨论。这样学生加深了对知识的理解，在合作中共同提高，优化了合作成果。

引导学生探究学习，不断完善

教师要创造条件让学生在探究学习的过程中充分发展个性与充分发挥潜能。共同的学习活动，使学生们能取人之长，补己之短。

（1）发现优势，互相学习

语文课上，有意识地让学生们互相学习，发现别人的优势。可以让学生们互相参观习字册，然后写出学生们各自认为字练得最好的同学的名字。字写得不好的学生找到了学习的榜样，字写得好的学生找到了可以交流心得的对象。他们都在找别人的闪光点。这样的学习形式有利于同学之间的互相学习。

（2）组内合作，组间竞争

重视组内合作，组间竞争在语文教学中的运用，提倡组内合作，组间竞争，效果明显优于自主学习。因为学生不仅要完成自己的任务，同时要与其他组员密切合作，只有这样才能提高组内凝聚力，提高学生的责任心。比如，对于同一个问题，看哪一组先解决，想到的解决方法多，哪一组找到了最佳解决办法。组内成员耐心、仔细、热情帮助同组学习有困难的学生，不仅能极大地激发学生学习的积极性，而且能有效地提高课堂教学的效率。

（3）互改作业，重新认识

教师可以将批改作业的方法教给学生，并详细说明需要注意的事项，动员学生自改、互改作业。在这个过程中，学生不仅能够找出错别字和不能顺的语句，而且能够发挥学生的积极性和主动性。小组中的批改往往特别认真负责，要求特别严格，这样，可以加深学生对所学知识的理解和巩固，并逐步锻炼了学生的评判能力，提高了认识水平，使课堂学习活动变得更加丰富和完善，学生的思维能得到有效提高。当然，教师要加强批改指导，逐步提高批改要求。

总之，语文课堂教学方法是一门很深的学问，具有极强的艺术性。为了提高语文课堂教学的有效性，需要倡导自主、合作、探究的学习方式，在实践中不断总结、不断完善、不断创新，真正提高语文课堂教学质量，提高学生学习的质量。

15．学生英语课上的学习方法

对于初中生来说，要让他们真正高兴地、发自内心地学习英语知识，并且能够做到不仅知其然，而且知所以然，并不是一件容易的事情。在英语教学实践中，为了达到这个目的，摆在教师面前的任务是让学生对英语学习产生浓厚的兴趣。因此，对于教师来说，如何促进学生进行有效的英语课堂学习呢？

文本间和谐对话的教学氛围

（1）友好的问候

据调查资料显示，现在英语课堂中的相互问候很少，最常见也最公式化的是组织教学中的"Good morning, class.""Good morning, teacher."等问候。久而久之，师生都觉得索然无味，从而失去了它自身的教育价值。在教学实践中，可以采用灵活多变的方式，来调整学生的心态，让他们觉得新鲜有趣。

例如：见人精神不振、状态不佳时，关切地问："What's wrong with you？Do you want to have a rest？"看到学生反应缓慢，可说一句："Do you understand？""Can I help you？"见到他们紧张时说："Don' be nervals."

虽然是不经意的几声问候，但可使教师了解班级的情况，使学生体验亲情般的温暖，从而使课堂气氛更加民主、更加开放、更加自然。

（2）艺术的提问和评价技巧

好的提问可以促使学生积极思维，有创新又紧扣课题。因此，在

课堂上，必须从教材和学生心理特点出发，引人入胜，步步深入。事实上，教师通过用科学、艺术、生动的语言提出富有趣味性、启发性的问题能够吸引学生的注意力。

教师要对学生的答案做出及时、适度的评价，否则会挫伤学生回答问题的积极性。在评价时，教师可以对学生进行表扬，如："Good""Great""Congratula tion"等；也可以对学生表示感谢，如"Thank you."。教学实践证明，这种表达会使学生，特别是成绩差或成绩一般的学生信心倍增。因为他们觉得受到了教师的尊重和认可，这可以激起他们更大的学习热情。

对于学生错误的回答应尽可能地给予体谅、给予帮助。有的学生虽然回答问题积极，但是站起来后却吞吞吐吐。此时教师可以给予适当的鼓励，如："It doesn't matter，I think you will give me a good answer next time."。这样的做法会使学生体会到教师对他们的期盼，使他们更加努力学习英语。

创设一个能够让学生展示水平的舞台

（1）充分相信学生的潜能

在英语教学中，要始终坚持学生是学习主体的教学理念，充分相信学生，使他们充分相信自己的能力和潜能，并对自己的学习保持乐观向上的态度。例如，在讲"job"这个单词时，教师可以提问："Do you know my job？"学生会很自然地回答："Teacher"，然后教师把"job"写在黑板上，并把这个单词圈起来，让学生把他们知道的职业写在"job"这个词的周围，最后教师可将学生总结出的多种职业进行归纳，并趁机对个人或班级进行适度的评价，以此激励学生主动地学习。

（2）启发学生积极的思维活动

在英语教学中，可以借助多种教学媒体活跃课堂气氛，从而拓展学生的思维能力。例如，教学"Htow do you usually come to school？"一课时，可以利用头脑风暴的形式让学生在规定的时间内说出与交通有关的内容。人的情感和智慧总是在一定的情境，一定的场合下产生的，教师要善于运用教学媒体创设直观、形象的教学情境，使学生形成激昂的情绪，主动体验和探究情境中蕴含的道理，进行创造性的学习。

（3）搭建激发探究的语言情境的平台

语境对语言学习与运用非常重要。语言如果能在一定的情境中呈现，就很容易吸引学生的注意力，激发学生的学习兴趣。因此，教师在日常的教学中应根据教学内容努力创设语言环境，以激发学生探究学习的欲望。例如：

教学"How do you usually come to school？"一课时，可以首先播放部分国家交通状况的影片，然后提出问题：

What did you see on the screen just now？

How many kinds of transportation did you see？

学生作答后趁机导入课文内容：

How do you get to scltool？ How does your father / molher get to school？课后让学生围绕交通问题进行探讨，并说出自己的看法。这样便给了学生一次探索学习的机会。

创设夯实学生基础的自主学习机会

从学生的实际情况来看，他们所掌握的许多知识是他们通过自身的探寻得到的。在教学实践中，如果教师能为学生创造自主学习的

机会，留给他们一些空间和时间，让他们自己去发现、去探索、去寻找规律，那么一定会为他们将来的发展和提高打下坚实的基础。

　　学生的基础不同、能力不同，学习目标也不尽相同，因此教师必须了解每个学生，激发其兴趣，挖掘其潜能，使他们在原有的基础上有所提高，这才是教育的成功。

　　例如，在英语口语教学实践中，为了发挥学生的主动性，使每个学生都参与到口语训练中，教师可以给学生下达不同层次的学习任务以充分调动他们的学习积极性。

　　对于口语较差的学生，教师可以在初期只要求他们会跟读录音，然后是熟读，最后要求他们会背说，能够与同学进行简单的交流。

　　对于基础稍好的学生，教师可以把原文进行扩展及替换，使学生通过口语训练逐步达到熟练交流的程度。

　　对于基础比较好的学生，如一些优等生，教师可以把旧知识与新知识结合起来编成对话，使学生通过训练达到熟练交流的程度。

创设乐于学习的文化环境

　　班级课堂活动的方式应以 3—5 人活动小组为主。小组活动旨在鼓励学生进行合作性学习。合作学习的益处。主要表现在以下几个方面：学生在小组活动中进行交流时的焦虑程度远远低于当着全班学生回答问题时的焦虑程度；合作学习促进小组成员之间的情感交流；在交流中，学生可以获得更多的可理解的语言输入，也可以向其他学生提供类似的语言输出；小组活动成员之间的相互合作和相互学习有助于增强学生的自信；合作学习中，学生可以得到更多的积极反馈和帮助，从而激发他们更强的学习动机。

　　总之，在教学实践中，应该激发学生学习的兴趣，帮助学生理

解学习的意义，促进有效的课堂学习。要做的工作就是要把预期的目标转化成学生内在的需要，把教学内容转化为学生的兴趣点。在此基础上，教学活动会在学生"渴求知识"的状态中顺利开展。在课堂上，学生的身心才能始终处于舒展状态，他们的自主性才会得到充分的发挥，才能真正地实现有效的课堂学习，提高教学效率。

16. 学生政治课上的学习方法

学生听课的思路应与教师讲课的思路同步进行。听课是学生课堂学习的主要部分和关键环节。因为理解知识、掌握方法、形成技能、发展智力，主要是在课堂上进行的。

同步听课法

听课要打主动仗，一定要使自己的"听"与教师的"讲"保持同步。所谓"同步"，就是怀着强烈的求知欲望和兴趣，使自己的大脑处于高度的兴奋状态，带着预习中的问题，紧紧跟上教师讲课的思路，专心听，积极地思考、联想、分析、探索，寻找出问题的答案。这样眼、耳、脑并用，方能"心知其意"。

反之，"心不在焉，视而不见，听而不闻"，教师讲得再好，也无法接受新知识。有的学生，思维"跟不上步伐"，甚至听不懂教师讲的重点、难点。遇到这种情况，先划上记号，课后解决，马上跟随教师的思路，以便不影响后边内容的听讲。

善于积极思维的学生，往往容易出现"超载"教师讲课的速度，使同步听课失去了意义。这部分学生应该注意，既不要让自己的思维

"滑"得太远，又不要放弃积极主动地独立思考。要在听懂的基础上，把教师所讲的重要论点、论据和分析论证的方法，用自己的话记下来，做到边听、边记、边思考，真正同步进行。

发问探索法

在学习过程中善于发现问题，并进行积极的探索。在同一间教室里听同一位教师的课，教材和课时相同，有的学生漫不经心，不由自主地被教师"牵"着鼻子走；有的学生思维活跃，深思揣摩，不断提出"为什么"。

课堂结束后，前者迷迷糊糊似懂非懂，无所补益；后者释疑若干，获益良多。可见，发问探索法的重要性。俗话说："好问无须脸红，无知才应羞耻"。不敢大胆地发问探索，结果使问题越来越多，学习无法深入，越学越被动。

既要敢于发问探索，又要善于发问探索，这就需要学生独立思考、刻苦钻研。思考了、钻研了就会不断提出问题，有所发现。有位成绩优秀的学生给自己做了"五不问"的规定：已学过的基础知识未经复习不问；教科书或主要参考书没有看过不问；教师课后留下的问题未曾深入思考不问；找不到自己的矛盾所在不问；提不出自己的思路不问。

学生在学习知识的过程中，经过深思熟虑，发现问题，提出问题，分析问题，解决问题，既积累了知识，又培养了爱思、多思、善思和探索的习惯。

课堂笔记法

"好记性不如烂笔头"，做好课堂笔记有助于抓住难点、重点，便于课后回想教师的思路，掌握科学的思维方法，深化对课堂讲授内容

的理解。此外，有助于眼、耳、脑、手密切配合，协调活动，培养和提高感知、记忆、思维和写作、速记的能力；有助于把教师概括总结的知识提纲挈领地记下来，积累大量宝贵的资料，使所学知识系统化、条理化；有助于全神贯注地听讲，提高学习效率和质量。

（1）处理好听记的关系

做听课笔记，学生处于一种较被动的地位，往往因"听"误了"记"，或因"记"误了"听"。学生应处理好"听"与"记"的关系，做到"三记三不记"，即：重点的问题记，疑难之点记，教材上没有的记；次要的不记，教材上有的不记，易懂的不记。由被动转为主动。

听、想、记结合，以想为主。从上课到下课，一直充当录音机和记录器，课堂上没认真听，更无暇思考，无暇消化，笔记虽记得很多，但脑子里却是一片空白，势必影响听课效果。做笔记的方法：详略得当选择记，结合理解灵活记，抓紧时间迅速记，不懂问题特殊记。

（2）定期整理笔记

应当在复习中定期对笔记加以补充整理。整理笔记的过程是分析、归纳、综合、逻辑思维的过程，不仅有利于知识的条理化、理论化，而且便于巩固记忆和提高自学能力。

精力集中法

精力集中法是学生把全部精力集中在学习上的一种方法。有的学生三心二意，身在课堂，心在课外，不管教师讲得多好，对他来说都是枉然。

精力集中听课的做法：明确听课目的，思想上必须与教师讲解的思路保持一致，了解教师讲课的方法，把握听课内容的重点，多思、勤思、善思。

此外，耳脑并用，边听边思考，向自己不时提出"老师讲的论点是否与客观事实相符？""所提供的材料是否充分、全面？这些论据是否必然得出其结论？"等问题。对这些问题的思考，可以使学生的大脑处于兴奋状态，避免注意力的分散。

大脑活动同肌肉活动一样，经过一定时间会出现疲劳。每节课结束，要走出教室作短时间休息或活动，以避免大脑疲劳而反应力下降、思考力减弱、精力不集中。边听边做必要的记录，以防止思想"分岔"。加强锻炼，保持身体健康，才会有旺盛的精力投入学习活动中。

集体讨论法

集体讨论法是在教师的指导下，学生们通过对教材内容开展集体讨论进行学习的方法。政治课的集体讨论，归纳起来有以下三种：质疑问题性质的讨论，即学生在预习的基础上，大胆质疑问题，由教师将问题归类，组织学生对提出的难点、疑点各抒己见，开展讨论，尽量使学生自己解决问题。

精彩段落评议性质的讨论，即把教材的精彩片断交给学生，让他们给予评议、鉴赏；专题性质的讨论，即根据教材内容，选择恰当的专题，让学生积极发表看法，引起争论，促成对教材内容的消化理解。引导学生积极参加讨论，不仅能够有效地发展他们的思维能力，而且可以提高其口头表达能力。

17. 学生数学课上的学习方法

新课改的核心理念：一切为了每一位学生的发展，新课改的一个主要突破口是改变学生的学习方式，由过去被动、机械、僵化的学习方式变为主动、合作、探究式的学习方式。新课程理念下学生是学习和发展的主体，教师是学习活动积极的组织者和引导者。

教师在教学中要尊重和发展学生的主体意识和主动精神，要充分发挥每一个学生的自主性、能动性，挖掘每一个学生的潜能，全面提高全体学生的基本素质，使每个学生都能体验到学习的快乐和成功的喜悦。把课堂学习的主体地位交给学生，让学生真正成为课堂学习的主人。在课堂教学中，各环节上应不断渗入学法指导，使学生学得积极主动，真正成为课堂学习的主人，不断提高课堂效率。

巧设情境，使学生愿学

《全日制义务教育数学课程标准》明确指出："数学教学，要紧密联系学生的生活实际，从学生的生活经验和已有知识出发，创设生动有趣的情境，让学生在生动具体的情境中学习数学。"情境的创设关键在于情，以情激境，以最好的境、最浓的情导入新课，形成问题。

问题可由教师在情境中提出，也可以由学生提出。但是，提出的问题要击中思维的燃点，这样不仅能迅速唤醒全体学生的认知系统而且能提高单位时间内的学习效率。

例如，教学"人民币的认识"，课前开展"是小灵通"调查活动，向身边的人了解人民币的有关知识，并从父母那里找些不同面值的人民币进行认识。通过活动，学生对人民币的面值、颜色、图案、版别、防伪标志等有了初步的了解。课堂上，在教师的引导下，学生分别介绍自己了解到的知识，通过合作交流，能够很全面地掌握本课知识。

诱思导学，使学生乐学

课堂教学时，教师可用适当的方法对学生思路进行引导，使全体学生的主体性得到更充分的发挥，心理潜能得到更好的挖掘，探索精神得到更快的形成。对此，利用"诱思导学"教学过程做好铺垫，激活学生认知思维，由最初的兴趣萌芽状态进入主动探索新知识阶段。

例如，教学"平行四边形的面积"时，先提出"怎样计算平行四边形的面积？"这一探索问题，学生思维就会集中在面积上，再利用小组探讨、观察等教学手段，使学生注意力集中在"形变而面积不变"上，让学生将平行四边形转化成长方形，从而让学生自主探索平行四边形面积的计算公式。在整个过程中，教师始终是组织者、引导者，学生是学习的主人，教学的主体，体现教育教学的价值。

引导评价，使学生会学

新课标对学生的评价能力提出了新的要求。评价可以提高学生的分析、判断能力和"择优弃劣"能力，能够发展学生的语言，提高学生驾驭语言文字的能力。故在课堂教学时，教师必须改变独家评价方式，全方位、多角度地引导学生参与评价过程，通过师生评价、生生评价、自我评价，最大限度地把评价权交给学生。

让学生在学习上的优点和缺点做自评价，畅所欲言，各抒己见。根据学生讨论交流的情况，准确又简练地就学生的发言质量进行引导评价。评价时，教师应重于肯定、鼓励、引导学生，促使学生对知识的理解更深入，将知识内化为能力，应用到实际生活中。

例如，在教学加法算式时，教师可以适时引导学生评价哪个算式是正确的？哪个算式最简便？这样，在民主和谐的气氛中，学生的心理压力得到减轻，自尊心得到充分尊重，个性得到有效发展，创造性思维得到较全面的发展，从而积极主动地学习数学知识，还能善于

应用已学的知识进行解题，起到触类旁通，举一反三的效果。

分层训练，使学生善学

在学生获取一定的感性认识的基础上，教师应指导学生进行思维加工，将认识由具体、简单上升为抽象、复杂。教师还应对处于不同层次的学生进行指导，对中等生指导他们巩固新知识后，鼓励其尝试思考与解决稍深的学习问题；对于后进生则指导他们进一步理解与巩固所学新知识中最基本的部分；对于优等生，应指导他们在掌握新知识的基础上，解决综合性更强、条件更复杂、难度更大的学习问题，提高他们的自发展能力。

在教师的指导下，切实考虑到各层次学生的可接受性，不同层次布置不同的作业。作业分为必做题、选做题、思考题三类，同时允许学生根据自己的"学情"有弹性地选择适合自己的作业。这样既减轻了作业负担，增添了训练乐趣，提高了作业质量，也可以避免学生抄袭作业的现象，采用面批与鼓励相结合的措施，效果将会更加显著。

学生分层各自练习，使全班学生各自获得不同层次上的平衡，培养了学生的创造力，产生了强烈的愉悦感，这样就进入了一个新的良性心理循环过程。

例如：在教"分数除法应用题"时，可提出以下两个条件：五年级有学生 111 人，相当于四年级学生人数的 3/4，然后提以 3 个问题：四年级有学生多少人？四年级和五年级共有学生多少人？三年级学生人数是四年级的 3/2 倍，三年级有学生多少人？

这道题有 3 个问题，可采用分层练习：后进生做第 1 题；中等生做第 2 题；上等生做第 3 题。这样一道综合性题目，根据问题的难

易度适用班级不同层次的学生实际水平与学习要求标准，设计行之有效的练习，做到巧练，使不同层次水平的学生对知识进行不同层次的概括，增强学生的学习信心。

总之，教师不仅要不断学习新知识，合理地运用教材，研读文本，还要注意尊重学生，关注学生，全方位地实现学生的主体地位，让学生成为课堂的主人。

第二章

学生提高课堂学习效益故事推荐

1. 牛顿数苹果

著名物理学家牛顿来到后院的果园里游玩，他碰到了一个仆人在摘果子。仆人知道牛顿是特地出来休息的。于是他走到牛顿面前，问了牛顿一个简单的问题。他说："这个果园的苹果是桔子的 2 倍。我和你及另外 20 个人来分配，每个人可以分到 3 个桔子，4 个苹果。桔子分完了，而苹果还剩 120 个。问果园里共有多少桔子和苹果？"

牛顿太疲劳了，他竟然一个一个去数，而仆人一下子就算出来了。你快帮帮著名物理学家牛顿吧！

2. 高斯做数学

高斯是德国著名的数学家，他从小就很聪明。高斯 7 岁那年，家里送他到小学读书。有一天数学老师布特纳先生出了一道算术题让他的学生做。题目是：$1 + 2 + 3 + 4 + 5 \cdots\cdots + 99 + 100 =$？布特纳先生在黑板上刚写完题目，坐在前排的高斯马上就算出了答案，而其他同学做到下课都还没有算出来。

亲爱的读者，你知不知道答案？

3. 鲁智深翻碗

梁山泊英雄好汉花和尚鲁智深最拿手的游戏就是两只手一下翻

转 3 个碗。有一天，他的好朋友林冲拿出 4 个大碗要他翻，并且问他："4 个碗几次翻得完？"鲁智深想了一下，他一下只能翻转 3 个碗，4 个碗不可能一下翻完。这下可难倒鲁智深了。

亲爱的读者，你说要几次呢？

4. 骆宾王巧算鹅重

唐代的大诗人骆宾王 7 岁就能写出名垂千古的妙诗。他不仅文才绝妙，而且数学天赋也很高。骆宾王过 8 岁生日时，他的爷爷出了一道题目考他。题目：1 只鹅等于 1 只鸭和 1 只鸡的重量之和，1 只鹅加上 1 只鸡等于 1 只兔子的重量，2 只兔子的重量又等于 3 只鸭的重量。那么，1 只鹅等于几只鸡的重量？

骆宾王只眨了一下眼睛就算出来了。

亲爱的读者，你有没有骆宾王那样厉害？

5. 苏东坡钓鱼

北宋三大文学家苏洵、苏轼、苏辙父子三人共同郊游钓鱼。苏轼别名苏东坡。苏洵是苏轼、苏辙兄弟的父亲，他钓到的鱼是苏东坡的 3 倍，苏辙是苏东坡的 2 倍，并且只比苏洵少 1 条。于是苏洵和苏辙都问苏东坡钓了多少条鱼。

苏东坡才思敏捷，这个问题根本难不倒他。亲爱的读者，你没有被它难倒吧？

6. 岳飞妙算拔河比赛

　　南宋著名将领岳飞打败了金兵多次进攻。于是奖赏三军，并且举行了一场拔河比赛。左边的参赛人员是 *3* 个小兵和 *2* 个大兵，右边的参赛人员是 *1* 个小兵和 *4* 个大兵。比赛之前，大家都知道 *4* 个大兵的力气和 *5* 个小兵的力气相当，但左边那 *2* 个大兵是孪生兄弟，力气特别大，他们的力气是 *2* 个小兵加 *1* 个大兵的力气之和。还没比赛岳飞就说出了胜败，赛后结果正是岳飞所说的。

　　那么，岳飞到底是说哪边胜利呢？

7. 唐伯虎借钱还钱

　　明朝有名的风流才子唐伯虎要进京赶考，他身上的银两不够，于是他就向同路的祝秀才借了 *10* 两银子。后来祝秀才要用钱，就向同路的文秀才借了 *20* 两银子。文秀才身上没钱花了，只好向同路的丁秀才借了 *30* 两银子。丁秀才实在没办法了，他反过来向唐伯虎借了 *40* 两银子。赶完考后，他们四个人一同清账还钱。唐伯虎想了一个好办法，只要动用最少的钱就能清完账目。

　　那么，唐伯虎想的是什么办法呢？

8. 唐老鸭和米老鼠比赛

星期天，唐老鸭不知道怎么打发时间，这时它的老朋友米老鼠来找它玩。米老鼠要和唐老鸭玩百米来回赛跑，总共路程是200米。唐老鸭一步跑3米，米老鼠3步只能跑2米。米老鼠跑出一步的时候，唐老鸭已经跑出两步，比赛就按这样进行。唐老鸭坚信自己会胜利。

亲爱的读者，唐老鸭会不会胜利，算一算吧！

9. 遗产分配

清朝康熙年间有个大贪官在临终前对怀孕的妻子说："如果生的是儿子，就把遗产的2/3分给儿子，母亲拿1/3；如果生的是女儿，母亲拿2/3，女儿可得到1/3。"但是后来他的妻子生下一男一女双胞胎。这下他妻子就为难了，这是她没有预料到的。那么遗产该怎样分呢？

你也想一想吧！

10. 岳飞分兵

岳飞又招收了54 389名勇士准备抗击金兵。他决定把这些士兵分到各大军营中去。每个军营分到的士兵一样多，军营的个数比分到一个军营的士兵个数要少。

你知道岳飞的军队里有多少个军营，每个军营分配了多少个士兵吗？

11. 唐僧扫高塔

唐僧来到一座佛塔拜佛，他看到塔梯很脏，于是他便扫起塔梯来。这座佛塔共有9层塔梯。

塔层越往上，梯级数越少，并且是按一定的数目依次递减。到了第9层塔梯，梯级数为第1层的1/2。唐僧已经知道9层塔梯共有108级。唐僧忘了数各层的梯级数，他只好自己算了起来。

亲爱的读者，你算出来了吗？

12. 原有多少斗酒

武松受人之托去收拾恶棍蒋门神。他要求每过一个酒店就要请他喝酒。武松出门带了一个酒缸，看到一个酒店，就把酒缸中的酒加了1倍，然后喝下一斗酒。他连续遇到酒店加1倍的情况反复了3次之后，酒缸里的酒喝完了。

武松是个粗人，他不知道自己酒缸原有多少酒。

你帮帮武松吧！

13. 关羽和张飞何时回来

刘备、关羽、张飞、赵云又要带兵打仗了。他们都是 1 月 1 日同时出征的，各自带着军队开赴不同的战线。他们约定在下次四个人都回来的那一天聚会。刘备隔 16 个星期回来一次，关羽隔 12 个星期回来一次，张飞隔 8 个星期回来一次，赵云隔 4 个星期回来一次。

张飞想马上就知道下次聚会的准确时间。

你快告诉他吧！

14. 阿里巴巴的酒量

阿里巴巴非常喜欢喝酒，尤其喜欢喝啤酒。阿里巴巴喝 100 多瓶啤酒都不会醉。有一次，阿里巴巴做成了一笔大生意，赚了很多钱，他决定好好慰劳自己，接着他就到酒店里喝酒。阿里巴巴一口气喝了 96 瓶啤酒。这时酒店经理告诉他，6 个空酒瓶可以换 1 瓶啤酒。他非常精明，他马上就算出了 96 个空酒瓶能换多少瓶啤酒。

亲爱的读者，你能够算出来吗？

15. 嫦娥升天要几天

嫦娥偷偷下凡的事情，让天上的王母娘娘知道了。于是王母娘娘不准嫦娥再回到天上月宫，除非是自己爬天绳爬到天上。嫦娥住不惯人间，没办法，她只好努力地爬高达 3000 丈的天绳。嫦娥白天视力比较好，能够向上爬 300 丈，但晚上她看不见，为了安全，她只得下滑 200 丈。嫦娥有点灰心，她不知道自己什么时候才能重新爬回天上去。

亲爱的读者，你帮帮嫦娥吧！

16. 张飞卖肉亏多少

张飞年轻的时候是一个卖肉的。他为人豪爽，有些时候做事不精细。有一次，有个人来他的肉铺里买肉，要买牛肉和羊肉。那个人一共买了 28 斤肉，其中牛肉是 3 两银子 1 斤，羊肉是 5 两银子 1 斤。但是结账的时候，张飞错把牛肉当成了 5 两银子 1 斤，把羊肉当成了 2 两银子 1 斤，最后那个人一共付了 100 两银子。张飞不知道自己亏了还是赚了。

亲爱的读者，你帮张飞算一算吧！

17. 孔子智算冠军

春秋时期，各路诸侯争霸中原，群雄逐鹿，战争时常发生。有一个诸侯建议其他诸侯，不要打混战，一个对打一个，这样比拼才能比出霸主。其他诸侯都同意。于是这个诸侯就请教大学问家孔子，问孔子："照这样比拼下去，要比拼多少场才能决出冠军？"孔子得知

总共有 *24* 路诸侯参加比拼，他掐指一算就得出了答案。

你也来算一算吧！

18. 阿凡提养骆驼

阿凡提养骆驼是养出了名的，他养的骆驼寿命特别长，很多人都来买他的骆驼。有一次，一个大商人也慕名来买他养的骆驼。这个大商人自以为有很多钱，瞧不起阿凡提。于是阿凡提便决定难为他一下。阿凡提告诉大商人："我目前养了 *15* 头大骆驼，其中有 *23* 个驼峰，*60* 只脚，请问有多少只单峰驼和双峰驼呢？

这个大商人可没有阿凡提聪明，答案最后还是阿凡提告诉他的。

19. 诸葛亮算曹兵

赤壁之战，曹操被孙权和刘备打得大败。曹操来不及收拾残兵败将，就带着他的部队从华容道逃走了。刘备的军师诸葛亮早料到曹操会从华容道逃跑，便领兵追了上来。诸葛亮抓住了曹操的一个厨子，于是便问厨子曹操手下还有多少人。厨子不敢泄露，只得耍滑说："曹兵在昨天晚上吃了鸡、鸭、鱼总共 *130* 只，两个士兵吃一只鱼，*3* 个士兵吃一只鸡，*4* 个士兵吃一只鸭，这样正好够吃，谁也没挨饿。"

诸葛亮知道曹操的兵力后，大笑，下令追击。

你知道诸葛亮算出曹兵有多少吗？

20. 孙膑与庞涓的智商

战国时期，有两个年轻人共同拜大学问家鬼谷子为师，这两个年轻人叫孙膑、庞涓。

有一次，鬼谷子为了测试他们两个人的智商，便出了一个题目考他们："4 个 1 组成的最大的数字是多少？"

庞涓笑道："很简单，是 1111。"

孙膑大笑道："不是 1111，是另外一个数。"

鬼谷子笑着问孙膑是多少。

孙膑说："是 1111 的 2.5 亿倍还要多的那个数。"

鬼谷子笑着对庞涓说："孙膑说对了，现在你该知道了吧！"

但庞涓还是坚持是 1111。

你算出来了没有？

21. 孔融摘梨

古代有个聪明的小孩叫孔融，他很喜欢吃梨。有一天，孔融的爷爷带他到自家梨园里摘梨。他的爷爷要求孔融只准摘右边的 14 棵梨树，又要求他从第一棵梨树上摘 1 个梨，从第二棵梨树上摘 2 个梨，从第三棵梨树上摘 3 个梨，依此类推，摘到第十四棵梨树为止。孔融只记得摘梨，不记得数梨了。他刚从第十四棵梨树上下来的时候，他的爷爷马上问他一共摘了多少梨。孔融马上就算出来了，他的爷爷笑

着奖给了他一个大梨吃。

你想吃梨的话，就赶快算吧！

22．杜甫买鹅

唐代诗人杜甫一生穷困潦倒。他住在成都草堂的时候，靠养鹅为生。杜甫赚了一点钱，又买了 100 只鹅，花去了 100 两银子。邻居来问他公鹅、母鹅及小鹅各有多少。杜甫说："公鹅是 5 两银子 1 只，母鹅是 3 两银子 1 只，小鹅是 1 两银子 3 只，你帮我算一算公鹅、母鹅及小鹅各有多少只？"

邻居为难了起来。

你知道诗人杜甫各买了多少只公鹅、母鹅及小鹅吗？

23．东施脸上的痣

古代有一名女子，名字叫东施。东施每天都要到河边照镜子。有一次，她照镜子的时候，发现脸上长了许多痣，她大吃一惊，失手把镜子打碎了。东施一心想知道自己脸上到底长了多少颗痣，于是她就到河边去看自己的倒影。河神故意把水搅浑了。东施只好问河神她脸上有多少痣。河神说："你脸上的痣，三颗一数，正好数完；五颗一数，余三颗；七颗一数，也余三颗。你不会这个也算不出来吧？"

东施一算，得出的结果把她吓晕了。

这么严重的题目，你敢不敢算？

24. 杨贵妃的浴池水

杨贵妃每次洗澡都要把大浴池里的水放完，然后放进干净的水。有一次，一个女仆得罪了杨贵妃，杨贵妃决定惩罚她。杨贵妃要求女仆 1 个小时放完一半的池水。女仆做到了。杨贵妃又要求女仆 20 分钟放完剩下池水的 1/2，女仆也做到了。杨贵妃又要求女仆 20 分钟放完此时剩下池水的 1/3，女仆又做到了。杨贵妃又要求女仆 20 分钟放完此时剩下池水的 1/4，女仆又做到了，此时池水有 9 吨。杨贵妃无计可施，就问这个浴池本来有多少吨水，女仆是个聪明的人，她一下子就算出来了。杨贵妃感到无地自容了。

你知道，浴池本来有多少吨水吗？

25. 曹操数兵器

曹操从小就喜欢兵器，他的头脑也很聪明。有一次，他看到一些人在大街上比武，他就跑过去看。有一个人对曹操说："小孩，你看我们比武要给钱的，但是你只要看管好我们的兵器，我们就不收你的钱。"曹操答应了。他来到了堆放武器的地方，发现有一堆铁棒整齐地堆成了一个梯形，最上层有 4 根，最下层有 8 根，总共堆了 5 层。曹操心里默默一算，就算出有多少根铁棒了。

你知道，铁棒有多少根吗？

26. 成吉思汗测试士兵

古代蒙古族的大英雄成吉思汗想征伐中原，于是他就来到阵营里测试士兵的武艺。第一次测试，成吉思汗给 70% 的士兵打了 80 分以上，第二次测试，这个比例上升到 75%，第三次是 85%，第四次则达到了 90%。成吉思汗问大军副统帅，在四次测试中打了 80 分以上的士兵的百分比至少是多少？

副统帅打仗是行家，但算数却不行了。

你算一算吧！

27. 骆宾王养鹅

唐代诗人骆宾王喜欢鹅。他养了 E 只鹅，计划在一天内喂它们吃 F 条蚯蚓。如果每只鹅吃 G 条蚯蚓，那么就会多吃 12 条；如果每只鹅吃 16 条蚯蚓，那么就会少吃 7 条。骆宾王问他爷爷："爷爷，你算算，我养了多少只鹅，每只鹅每天吃几条蚯蚓？"

骆宾王的爷爷当然比骆宾王聪明了，他很快就说出了答案。

你算得出来吗？

28. 刘邦和项羽划分地盘

刘邦和项羽将汉中地盘画成了一个边长为 1 米的正方形模块。项羽在刘邦面前十分霸道，他拿起小刀就划去了正方形的 *1/3*。刘邦也不示弱，拿起小刀划去了剩下的 *1/2*。项羽接着又划去了剩下的 *1/3*。刘邦赶忙划去剩下的 *1/2*。他们分别划了 *2* 次以后，都在计算各自的面积。

请问，谁划去的面积大？

29. 李白写了多少诗

唐代著名诗人李白有一年写了 *2 250* 首诗。他对他的好朋友杜甫说："我每隔 *18* 个月会在 *2 250* 首的基础上翻 *1* 倍，你知道我一年半后能写多少首诗吗？"

杜甫也是唐代著名诗人，他非常了解李白的创作速度，他马上就算出了李白在一年半后能写多少诗。

你写过诗吗？那么不妨也来算一算吧！

30. 诸葛亮考刘备

刘备三顾茅庐请出了诸葛亮。诸葛亮在下山的时候突然想考考刘备，刘备答应了。于是诸葛亮左手和右手分别握着 *2* 两银子和 *5* 两银子叫刘备猜。刘备也是一个聪明的人，他让诸葛亮把左手的银两数乘以 *2*，右手的银两数乘以 *5*，并把所得的两个积加起来，只要告诉奇、偶数就行了。

诸葛亮赞赏了刘备的智慧。

你能猜出来吗？

31. 李白和杜甫比报数

著名诗人李白、杜甫、白居易又在一起喝酒吟诗了。白居易不想跟李白和杜甫比吟诗。于是他对李白、杜甫说："你们做诗是不相上下的，不如玩一个数学游戏吧，这样才能见输赢。"李白、杜甫说好。白居易的题目：李白和杜甫轮流报数，每人每次只能报 1 个或 2 个数。从 1 开始，依次递增，谁先报到 30，谁就胜利。

李白想胜过杜甫，他应该用什么方法呢？

32. 韩信巧算面积

西汉的开国勋臣韩信在当将军之前，一直没有得到重用，很多人都瞧不起他。有一个市井无赖拦住韩信要侮辱他。那个无赖拿出一个长方形木块，然后对韩信说："这个长方形的周长为 24 分米。如果它的长和宽各增加 3 分米，得到的新长方形比原长方形面积大多少平方分米？"

韩信算出来后，那个无赖甘拜下风。

你也来算一算吧！

33. 乾隆皇帝的卫士

清朝乾隆皇帝有 3 个密室，密室里放着他的宝贝，他派了 18 个武艺高强的卫士守护。到了晚上，乾隆皇帝命令手下卫士轮流守护 3 个密室。他调出第一个密室的一半人去守护第二个密室，第二个密室的 1/3 人去守护第三个密室，天亮前，又将第三个密室的 1/4 人调到第一个密室，这时，3 个密室的卫士相等。

请问，晚上 3 个密室各有多少卫士守护？

34. 曹冲算灌溉时间

三国时期，曹操有一个儿子叫曹冲。曹冲很聪明，曹操非常喜爱他。有一次曹操骑马带曹冲来到一片农田里。他们看到一个人在和一辆水车比赛灌溉农田。于是曹操马上出了一个题目来考曹冲：如果单独用一辆水车灌溉农田，5 小时可以灌溉一块农田，如果一个人用水桶提水灌溉农田，15 小时才能灌溉一块农田。假如水车和那个人同时灌溉一块农田，需要多长时间灌完？

曹冲马上就说出了答案。

现轮到你算了，开始吧！朋友。

35. 各带多少支箭

刘备、关羽、张飞 3 个人都没有打败吕布，他们觉得很没有面子。于是他们就跑到森林里打猎。他们带了数目相同的铁箭去打猎。3 个人每人打死了 2 只野雁、1 只狼和 1 只熊，而且都是一支铁箭打死一只猎物。现在 3 人剩下的箭支总数，恰好是 3 人出来时，一个人带的箭支数目。

你知道他们 3 人出发时各带了多少支箭吗?

36. 阿里巴巴是赚还是亏

阿里巴巴手里有一批花布要卖出去。恰好有一个阿拉伯商人想买一批花布,于是他们两个人就讨价还价了起来。阿里巴巴出价 500 元,但是那个阿拉伯商人觉得贵了。阿里巴巴心里暗自算了一下,便对那个商人说:"要不这样吧!我剪一尺布,你付我 1 角钱;剪第二尺,你付我 2 角钱;剪第三尺,你付我 4 角钱;剪第四尺,你付我 8 角钱,以此类推。"那个商人觉得很合算,就答应了。阿里巴巴一共卖了 16 尺花布,你知道那个商人付了多少钱吗?

37. 高斯节省木料

数学家高斯小时候家里很穷。有一次他家里的桌椅坏了,但是请不起木匠师傅来修。于是,高斯自己找来一根长 254.5 厘米的木料来修桌椅。他算了一下,如果每修一张桌子要用一段 43 厘米长的木料,修一把椅子要用一段 37 厘米长的木料,每截一段要损耗 5 毫米。他用了一个最节省木料的方法,那就是他把这根木料锯成修桌子和椅子所必需的木料根数。

请问,高斯修桌子和椅子各锯了多少根?

38. 司马懿假装不知数

　　三国时期，魏国的曹爽和司马懿暗地里争权夺势，谁也不让谁。司马懿年纪大了，于是他就在曹爽面前装疯卖傻。有一次，曹爽假装到司马懿家里去看望司马懿。曹爽告诉司马懿："我和你一样，也有两个儿子。"司马懿问曹爽："你小儿子多少岁了？"曹爽说："18岁。"司马懿假装说："33岁了！"接着又问："你大儿子呢？"曹爽说："24岁了。"司马懿又假装说："44岁了！"曹爽说："我30岁了。"

　　如果司马懿按前两次的说法，他会把30岁说成多少岁？

39. 大力水手波勃排列面包

　　大力水手波勃小时候喜欢吃面包。有一次，他妈妈买了一些面包回来，波勃就要抢着吃。他妈妈拦住他，说："我先考考你，你回答出来，我就让你吃。"波勃眨了眨眼睛答应了。他妈妈说："如果要把10个面包排成一排，其中每个面包隔两个面包可以移到第3个面包那里去。那么，你要怎样去排列，才能使10个面包分成等距离的5堆，且每堆有两个面包呢？"

　　你帮波勃算一算，排一排吧！

40．祖冲之算菱形边长

数学家祖冲之成功地将圆周率推算到小数点后 7 位数，很多年轻人都慕名跟他学数学。有个年轻人自以为数学学得比祖冲之还要好，他出了一个题目考祖冲之：有一个圆，直径为 10 米，圆里面有一个内接的长方形，如果依次连接长方形的四条边的中心，那么连出来的图形就是菱形，问这个菱形的边长是多少？

祖冲之很快就把答案写在了纸上。

你不妨也试一试。

41．数学家于哪一年去进

小东东和小西西一起看一本介绍一位伟大的数学家的书。这位数学家生于 19 世纪，去世于 19 世纪。小东东他们已知他出生和去世的年份都是 4 个相同的数字组成的，但排列的位置却不同。他的出生之年，4 个数字的和为 14，他去世的那一年的年份中十位数比个位数大 4 倍。小东东和小西西算不出数学家于哪一年去世。

你算出来了吗？

42．李逵借斧头

梁山泊英雄李逵打仗的时候使用的兵器是斧头。有一次，他因为喝了太多的酒，把插在腰间的斧头弄丢了。于是他就去跟鲁智深借斧头。鲁智深对李逵说："我这里有一些大斧头和小斧头。小斧头是大斧头的 2 倍，假如我从这些斧头里每次取 4 把小斧头，再取 3 把大斧头，这样取下去，等大斧头取完了，小斧头还有 16 把。你算一算大小斧头各有多少把？"

你来帮帮李逵吧！这个问题太难了。

43．小西西买大西瓜

小西西对小东东说："你想不想吃大西瓜和巧克力？"小东东笑着说："我早就买了，瞧，在这里。我买了 8 颗巧克力和 1 个大西瓜，一共用掉了 15 元钱，这 8 颗巧克力的价钱都是相同的，如果两颗巧克力的钱加起来，再加上 10 元钱，就是那个大西瓜的钱了，你知道巧克力和西瓜各多少钱吗？"

你知不知道呢？

44．关羽和张飞赛跑

张飞老是想和关羽较高低，于是他们又举行了一场骑马比赛，赛程是从汉中骑到汉东，然后再从汉东骑到汉中。关羽从汉中到汉东的时候是顺风，所以速度是每小时 20 公里。关羽从汉东到汉中的时候是逆风，所以速度是每小时 15 公里，来的时候比去的时候少花 5 个小时。于是关羽问张飞："你知道从汉中到汉东一共是多少路程吗？"

张飞说："我不知道，你气死我了！"

你知不知道呢？

45. 唐老鸭发明新自行车

唐老鸭好久没有出门和它的朋友玩了，原来它是在家里搞发明创造。它的发明创造终于成功了，它发明了一种新自行车。米老鼠消息最灵通，它跑到唐老鸭家里先睹为快。唐老鸭对米老鼠说："我们用新自行车比赛吧！"米老鼠说："怎么比？"唐老鸭说："从我家到你家总共是 24 千米，就比这往返路程。"唐老鸭每小时 20 千米，米老鼠每小时 16 千米，返回的时候是每小时 24 千米。这样，谁将胜利？

你知道吗？

46. 孔子卖书

教育家孔子写了很多书，印刷成大小两种开本。孔子的学生交不起学费，没办法，孔子就拿着自己的书去卖。有一个年纪和孔子一样大的人来买书，就问孔子："你的书怎么卖？"孔子赶忙说道："4本大书和 3 本小书一共只要 15 元，如果买 3 本大书和 4 本小书的话，只要 13 元。你算一算大本书和小本书各是多少钱一本吧？"

那个人很快算了出来，并且买走了 4 本书。

你能算出来吗？

47. 小东东坐火车

小东东全家坐火车外出旅游，他们坐的火车的速度是每小时 45 公里。他看着窗外的风景，突然看见迎面开来一列速度为每小时 36 公里的火车。小东东看了一下表，这列火车从头到尾完全开过去，只用了 8 秒种。

请问，这列迎面而来的火车，一共是多长呢？

48. 小猫乐米乐折馅饼

小猫乐米乐买了一个大馅饼。这个大馅饼花了它一天的零花钱，它舍不得一下子就吃完。乐米乐在想是不是把大馅饼折起来吃会更加好吃呢。于是乐米乐就想把馅饼折成相等的两半，可是第一次折，第一段比第二段长了 1 厘米，第二次折，第二段又比第一段短了 1 厘米。你知道留在馅饼上的两条折痕之间的距离是多少厘米吗？

49. 小数学家和大数学家的较量

大数学家碰到了小数学家，小数学家名气没有大数学家大，但是他不服大数学家比他聪明。于是大数学家就出了一个题目要小数学家回答："我给你 1、2、3 三个数字，你知道这三个数字组成的最大

数字是什么吗？"

小数学家马上说道："不就是 *321* 吗，太简单了。"大数学家笑了笑。

你觉得小数学家说对了吗？

50. 赵子龙和曹兵交战

三国时期，蜀国大将赵子龙武艺高强，未逢对手。有一次，他单枪匹马杀入曹军大营。有 *1* 个曹兵联合 *8* 个曹兵来围攻赵子龙，但打不过赵子龙。于是，每个士兵回军营各找来 *8* 个士兵来围攻，还是打不过；每个士兵又回军营各自找来 *8* 个士兵，仍然打不过；然后，每个士兵又各找来 *8* 个士兵，这样才打了个平手。

你知道，赵子龙和多少个曹兵交战吗？

51. 李逵打猎

李逵喜欢打猎，他打了一些老鹰和野狼。他把老鹰和野狼混装进两个笼子就往家里赶。他左手提着的笼子里共有 *8* 个头 *22* 只脚，他右手提着的笼子里共有 *7* 个头 *22* 只脚。

你算一算每个笼子各有多少老鹰和野狼？

52. 诸葛亮借兵器

军事家诸葛亮打了很多胜仗，曹操非常惧怕他。有一次，曹操打造了一批十分锋利的兵器，假装要送给诸葛亮。诸葛亮得知那批兵器里面有刀、枪、剑共 20 把，他就让手下将领去借曹操的兵器。曹操笑了笑，问了诸葛亮一个问题：刀数多于枪数的 7 倍，少于剑数的 8 倍。你算一算刀、剑、枪各有多少？"

诸葛亮马上就算出来了，曹操不得不借给诸葛亮兵器。

53．小东东数骆驼

小东东到动物园去看大象、单峰骆驼、双峰骆驼。小东东数了数这些动物的头、脚，他发现大象、单峰骆驼、双峰骆驼共有 24 个头，60 只脚，23 个驼峰。动物园的管理员问小东东："大象、单峰骆驼、双峰骆驼各有多少头？"

你知道吗？

54．阿里巴巴开餐馆

阿里巴巴觉得开餐馆能赚大钱，于是他就开了一个名叫麦肯烧鸡的餐馆，他这个餐馆专门卖烧鸡。开业第一天，他对吃烧鸡的人特别留意：有 9 个人用醋，11 个人用酱油，而两样都用的人数等于什么都不用的人数的 3 倍，什么都不用的人不止一个。

你知道有多少人吃烧鸡吗？

55. 刘备奖励多少人

蜀国打了胜仗，刘备要奖赏有功将士。他取出了 38 块金牌，关羽、张飞、赵云各奖了 1 块，剩余 35 块金牌奖给其他将士。刘备原计划大将发 6 块金牌，中将发 3 块金牌，上将发 2 块金牌。后来为了重奖大将，于是改为大将发 13 块金牌，中将发 4 块金牌，上将发 1 块金牌。

刘备问军师诸葛亮："大将、中将、上将各有多少人？"

你知道吗？

56. 杨志卖了多少刀

梁山泊英雄杨志没钱了，他只好推着一车的大刀去卖。有一个青年、一个中年人、一个老年人来买杨志的刀。青年人买了整车刀的一半零 7 把，中年人买剩下的一半零 7 把，老年人买了剩下的一半零 7 把。这时，刀刚好卖完。

杨志一下子就算出了他原来车上有多少把刀。

你算出来了吗？

57. 武松、李逵、林冲喝酒分肉

梁山泊好汉武松、李逵、林冲又相会了，于是他们决定喝酒。他们买了酒和一些牛肉。他们把喝完酒都醉了，牛肉一块都没有吃。武松第一个醒来，他把牛肉分成 3 份，剩下一块他一口吃了，拿走了 1 份，又把剩下的两份堆在了一起。李逵第二个醒来，林冲第三个醒来，他们都像前面那个人那样分牛肉。

请问，原来有多少块牛肉？

58. 曹操的试题如何算

曹操年纪大了，他决定在他的儿子中选一个继承他的职位。他筛选出了曹丕和曹植。但是他不知道选哪一个好。于是他让曹丕和曹植比射箭，各自射 40 支箭。曹丕觉得自己射得快，就从曹植那里拿来 5 支。不料曹植越射越快，他反而从曹丕那里拿来 10 支，最后全部射完。

曹操问曹植："你比曹丕多射了多少支？"

曹植很快就答出来了。

你算出来了吗？

59. 阿凡提占阿里巴巴的便宜

阿凡提碰到了阿里巴巴，他想占阿里巴巴的便宜。他们两个人一共掏出了 64 元钱，阿凡提和阿里巴巴钱数不相等。阿凡提拿出和阿里巴巴一样多的钱放到阿里巴巴的口袋，阿里巴巴拿出和阿凡提相等的钱放到对方口袋。阿凡提和阿里巴巴就这样经手多次，最后两个

人口袋里钱一样多。阿凡提这时后悔了，因为他少了钱。

你知道他们原来各有多少钱吗？

60. 唐老鸭减肥后有多重

唐老鸭、米老鼠、小狗史努比一个月不见都长胖了，而且胖得很厉害。它们在秤上称了体重，唐老鸭和史努比一共是 188.6 斤，唐老鸭和米老鼠一共是 182.4 斤，史努比和米老鼠一共是 184.2 斤。

请问，它们各自有多重？

61. 小熊威克多喂鸡

小熊威克多喜欢吃鸡蛋，它先养了 37 只母鸡。它用 37 公斤的米喂给 37 只母鸡吃了 37 天。后来它又买了 36 只母鸡，总共 73 只母鸡。这 73 只母鸡 73 天生了 73 公斤蛋。小熊威克多不知道生 1 公斤蛋要喂多少公斤米。

你知道吗？

62. 当车

某人驾驶一辆名车到了 B 城，他跑进一家当铺，问当铺老板："我要当 20 块钱。"

"你用什么来当？"当铺老板问。

这人指着停在外面的那辆车："这是车子的证书，这是车子的钥匙。"

3天之后，他来到当铺，交回20块钱，另交了5块钱作利息。

当他走出门口时，当铺老板忍不住问道："你们这种有钱人，难道还缺20块钱？"

那人回答以后，老板啼笑皆非。

试问，那人是怎样回答的呢？

63. 巧设电梯

新设计的环形贸易中心大楼共有7层。为了节省时间，加速顾客的输送，计划安排一定数量的电梯。

现在，计划每架电梯只停靠3个楼面。为了使各层楼面的顾客都能乘电梯直达他所要去的楼面，包括最低层，你能否计算出在这一幢7层大楼中，最少要设置几架电梯？每架电梯又应该停靠哪3个楼面？

64. 花了多少钱

小青去植物园春游，回来以后，爸爸问他春游花了多少钱？小青并不直接回答，却调皮地说："我带出去的钱正好花了一半。剩下钱的'元'数是带出去钱'角'数的一半，剩下的钱的'角'数和带出钱的'元'数一样多。"爸爸算了一下，知道了小青出去带了多少钱，花了多少钱，剩了多少钱。

你知道这些数字吗？

65．连衣裙的价格

一个服装店的老板，按照自己的方法为衣物标价：

花短裙子：20 元；

背心：10 元；

女长筒袜子：25 元；

领带：10 元；

中山装：15 元。

请你用同样的方法为"连衣裙"标出价格。

66．谁最后离开

1 ～ 50 号运动员按顺序站一排，"一、二"报数，队长让报单数的运动员离开队伍。剩下的队员重新报数，新的单数又离开了队伍。

请问，哪号运动员最后离开队伍？

67．管仲买鹿

齐恒公依靠管仲把国家治理得很好，征服了许多割据一方的诸侯国。但是，楚国却不肯听齐国的号令，若不能征服楚国，齐国就不能成为中原霸主。那么，如何征服楚国呢？

齐国好几位大将向齐桓公请战，要求率重兵去打楚国。担任相国的管仲却连连摇头，他对将军们说："齐楚交战，旗鼓相当，够一阵拼杀的。战争将用完齐国辛辛苦苦积蓄下来的粮草。更何况，齐楚两国几万生灵将成为尸骨。"

将军们哑口无言，都注视着功劳卓著的管仲。管仲却不慌不忙，带领大象看炼铜去了。

一天，管仲派一百多名商人到楚国去购鹿。鹿是齐国稀少的动物，仅楚国才有。但楚人只把鹿作为一般的动物，用很少的钱就可以买一头。

管仲派去的商人按管仲的授意，在楚国到处扬言："齐桓公好鹿，不惜重金。"

齐国商人抬价购鹿，三枚铜币一头。过了十天，加价五枚铜币一头。

楚成王和大臣闻知此事后，颇为兴奋。他们以为繁荣昌盛的齐国即将遭殃，因为十年前卫国的国君因好鹤而国亡，齐桓公好鹿，正在蹈其覆辙。楚成王想，等齐国大伤元气后，我们好取而代之。

管仲竟把鹿价又提高到 40 枚铜币一头。

依靠这一办法，不久，齐国征服了楚国。

试问，这是什么道理呢？

68．小白兔摸黑装信

小白兔有 4 位朋友，他们是小山羊、小黄牛、小松鼠、小浣熊，

他们经常书信往来，感情非常深厚。

有一天晚上，小白兔分别给4位朋友写信，当它写好信笺和信封正要分装时，突然停电了。小白兔摸黑把4封信装进信封里，每个信封要对号装一页信瓢。兔妈妈说："这么黑你会装错的。"小白兔说："我估计最多只有一封信装错。"

请问，小白兔的估计正确吗？为什么呢？

69. 准确的判断

在一个金属加工厂的车间里，有4块锡皮，它们的面积和厚度都相同。车间要用这4块锡皮做容器，分别从中剪去了一部分。车间工程师王叔叔考问徒弟小张，要小张用最简单的办法判断剩下的锡皮，哪一块的面积最大？哪一块的面积最小？小张很快用最简单的办法算出了剩下的4块锡皮的面积。

请问，小张采用的是什么办法呢？

70. 有奖摸乒乓

在灯光市场上，一家商店举行摸奖销售。在摸奖箱里，装有8个蓝色乒乓球，15个白色乒乓球，12个黄色乒乓球。商家宣布，如果顾客在箱中摸出两个相同颜色的乒乓球，那就有奖。而盒子又深又黑，摸乒乓只能靠运气了。

请问，最少要拿出多少个乒乓球才确保有一对同色的乒乓球？

71. 苹果、梨、菠萝巧搭配

在一个水果店，有许多的苹果、梨、菠萝和其他水果。在柜台上放有 1 架标准的天平。售货员在称水果时，如果在天平上放 1 个苹果和 1 个柚，就与另一端的菠萝重量相同；如果在天平一端放上 1 个柚，就同 1 个苹果和 1 个梨的重量相同；如果在天平一端放上 2 个菠萝，那么就和 3 个梨一样重。那么，你知道一个柚的重量等于几个苹果的重量吗？

72. 贺年卡的价钱

动物园的邮局发行新春有奖贺年卡。贺年卡设计精致，价格不等，满足了不同动物的要求，动物们争相购买。小兔买了 10 张，寄给了远方的好朋友；小狗买了 5 张，寄给了远方的同学。小狗比小兔省下了 3 元钱。

请问，它们谁买的贺卡更贵些？每张贺卡多少钱？

73. 巧妙回答爸爸

娟娟每天都坐公共汽车上学。离娟娟家不远处，有一个公共汽车站。汽车和电车都是隔 10 分钟来一次，票价也一样，只是汽车开过之后，隔 *3* 分钟电车才开来，再过 *7* 分钟下一趟汽车才又开来。

有一天，爸爸问娟娟："根据这两种车的时间特点，你每天乘哪种车更好些？"娟娟稍一思索，就准确地回答了爸爸的问题。

你知道娟娟是怎样回答的吗？

74．多出几个洞

小熊是个足球迷，他每天都要踢足球，因此他的鞋袜非常容易破，一个月就要穿破 *3* 双袜子。第一双袜子破了 *1* 个洞，第二双袜子破了 *2* 个洞，第三双袜子破了 *3* 个洞。妈妈让小熊数一下，这些袜子一共有多少个洞。调皮的小熊却说有 *12* 个洞。

请问，小熊说得对吗？

75．动物游乐园怎样走

在昆虫王国里，蜻蜓有 *6* 条腿、*2* 对翅膀；蜜蜂有 *6* 条腿、*1* 对翅膀；蜘蛛有 *8* 条腿，没有翅膀。有一次，蜻蜓、蜘蛛和蜜蜂，组成了一个共有 *18* 个成员的小小动物游乐园。他们这个园里共有 *118* 条腿、*20* 对翅膀。

你认为这个小小动物游乐园中，蜻蜓有多少只？蜜蜂有多少只？蜘蛛有多少只？

76. 有折痕的四边形

在数学课上，张老师拿着一张长方形的纸沿中轴线对折了一次，然后再交叉着沿中轴线对折了一次。最后，张老师打开这张纸问："这样把这张纸对折，一共有几个有折痕的四边形？"

王玉同学说有 4 个，老师摇了摇头；李秀同学说有 9 个，老师摆了摆手。

其实这是一个简单的问题，可是他们都弄错了，到底有多少个呢？

77. 巧妙过河

从前，有两个生意人，他们分别来到了一条小河的两岸，他们望着湍流的河水，都想到对岸去。河面有一丈宽，河水很深，河上又没有桥，两个人都不会游泳，但他们必须过河，河两岸只有一块 8 尺长的木板。他们望着木板，终于想出了一个办法，两个人都顺利地渡过了河。

请问，这两个人想的什么办法过河的呢？

78. 男生女生是多少

下课后，有许多学生没有出教室。明明站了起来，他看到教室里坐着的男生人数只有女生人数的 1/3，明明坐了下来。女生莉莉站了起来，她所看到的男女生人数相等。

请问，在教室里的男生女生各有多少人？

79. 三个人抬两根圆木

从前，有个吝啬的地主，到了年终给长工结工钱的时候，地主却对 3 个长工说："要结工钱，必须做好最后一件事情，否则休想要钱。"然后地主叫 3 个长工到山上去，每人抬两根圆木回来，一共只能是 3 根。3 个长工一商量，便每人从山上轻轻松松地扛着一根圆木回来了，然后按商量好的样子，把三根圆木摆好，叫地主来检验。地主一看，找不出什么毛病，只好给 3 个长工结账。

请问，3 个长工是怎样摆放圆木的呢？

80. 橡皮筋捆铅笔

在智力课上，李老师叫学生用 4 根橡皮筋捆 9 支铅笔，每捆铅笔都必须是奇数。有的同学捆来捆去，怎么也没有捆出来。小聪却没有用多大的工夫，就按李老师说的捆好了。李老师看了，赞不绝口。

请问，小聪是怎么捆的呢？

81. 破碟子的重心

小洁和小美看完精彩的杂技表演后，都为杂技演员的精湛技艺所倾倒，都想学到一手杂技表演的"绝活儿"。小洁和小美到杂技表演室向师傅们请教，王师傅教她们转转碟，把塑料棍头上的针顶在碟子的重心处就可以使碟子转起来。小洁和小美问王师傅，要是转一只破碟子，怎样才能找到这只破碟子的重心呢？

请问，王师傅该怎样回答呢？

82. 姐妹年龄谁最大

小凤与小兰是很好的朋友，她们俩以姐妹相称，但不知道谁的年龄大。只知道小凤再过两年，年龄就是两年前的两倍；而小兰3年前的年龄刚好是3年后年龄的1/3。女孩都不愿说出自己的年龄，我们也不好问她们，我们只好自己去计算她们的年龄了。

请问，小凤与小兰今年各是多少岁？小凤、小兰她俩谁大些？

83. 男女同学多少个

有一次，明明到展览馆去参加画展。在这之前，他得知全校共有120名同学参加。但当他到了画展后发现，在这些同学当中，任意两个同学中至少有一个是女同学。他很奇怪，到底是学校有意的安排，还是偶然的巧合呢？明明说不清是什么原因。

请问，参加这次展览会的女同学和男同学各有多少名？

84．蜡烛难题怎么算

兔妈妈给小白兔出了一道难题：桌子上点有 9 根蜡烛，一会儿被风吹灭了 3 根，过一会儿，又被风吹灭了 2 根，到最后还剩下几根蜡烛？

小白兔算了一下，跳着说真简单，但兔妈妈说小白兔没算对。小白兔又抓起脑袋来，但怎么也没有算出来。

请问最后还剩几根蜡烛呢？

85．苹果树上的苹果

小叶家的院子里有一棵苹果树，苹果树上结了 20 个熟透的红苹果。这天晚上突然刮起了狂风，把树上的苹果吹落了一半。小叶的爸爸看到苹果都掉了，于是伸手把树上的苹果摘了一半，还有许多苹果结在树梢，小叶的爸爸根本摘不到。小叶想数一数树上还有多少个苹果，但天太黑，她怎么也看不清。

请问，苹果树上还有多少个苹果呢？

86. 一盒粉笔有多重

霞霞想知道一盒粉笔有多重，但她面前只有一架无码的天平。霞霞想了想，她要用这架无码的天平称出一盒粉笔的重量。她在天平的一边秤盘里放一整盒粉笔，在另一边秤盘里放了整盒粉笔的 2/3 和 30 克重的砝码，于是天平平衡了。霞霞知道了一盒粉笔的重量。

请问，一盒粉笔有多重？

87. 巧算登山的平均速度

在一次夏令营中，同学们进行登山活动。在上山的时候，同学们每小时走 2 里路，登上山顶后，同学们再从原路返回。下山时每小时走 6 里路。到了山下的宿营地，班长问大家："我们登山时的平均速度是多少呢？"小杰很快回答道："上山 2 里，下山 6 里，平均 4 里。"

请问：小杰说得对吗？到底是多少呢？

88. 多少学生在赛跑

学校举行运动会，有几名学生报名参加了长跑比赛。比赛开始，运动员们飞奔着向终点跑去。其中，小杰跑在两个运动员的前面；小江跑在两个运动员的中间；小文跑在两个运动员的后面。几名运动员风一样跑过，看不清是多少名运动员在赛跑。请你计算一下，到底有多少人参赛呢？

89．不是三角形的旗

有一个骗子，他对另一个人神秘地说："我家有一面旗子，是三角形的，大概是清朝年间的青龙旗，很值钱的，我想便宜一点卖了。"这个人问他："你那块三角形旗有多大？"骗子说："我只记得这面旗子的三边分别长为 2.5 尺，2 尺，4.5 尺。"这人一听笑了笑说："你在骗我吧。"

请问：这人是怎么识破骗子的？

90．篮球比赛多少分

昨天，初三（2）班与（1）班进行篮球比赛，但是文文因参加乒乓球比赛没有看成篮球比赛。他问李红，（2）班与（1）班两队的比分情况。李红说："（2）班得分加上 7 分，就比（1）班多 1 分；（2）班和（1）班的总分是 100 分。文文说："我知道比分了。"

请问：（2）班和（1）班篮球比赛各得了多少分？

91．水中巧脱险

两个探险队员用软梯进入一个深谷。他们发现谷底有一个洞穴，于是就用木棒捅了捅洞穴，忽然大量泉水从洞穴涌出，水位很快就到了他们的腰部，并还在不断上涨。两人都不会游泳，又没带潜水救生用具，只有立刻攀软梯出谷。但软梯只能负重 *120* 公斤，而他们两人的体重共 *150* 公斤。如两人同时攀梯，可能将软梯压断。若先后攀梯而上，但又来不及。

请问：他们用什么办法脱险的呢？

92. 小猪分馒头

猪妈妈带着小黑黑去外婆家，她把几只大黑黑留在了家里，在桌子上放了 *16* 个馒头，要他们饿了平均分着吃。中午的时候，大黑黑们开始分吃馒头，但他们怎么也分不均匀，几只大黑黑吵了起来。到了晚上，猪妈妈带着小黑黑回来了。原来，猪妈妈连着小黑黑的馒头也放在了桌子上，小黑黑回来一下就分均匀了，每个小猪分得了 *4* 个馒头。小朋友，你知道猪妈妈把几只大黑黑留在家里了吗？

93. 哈哈遇巧嘴

哈哈很喜欢逗人发笑。有一天，妈妈叫他去买菜，他提着篮子走进了一个肉店，一个屠夫问他买什么。他说："不要肥，不要瘦，不要骨头，不要肉。"店主被逗乐了，拿了一样东西给哈哈，哈哈感到很满意，就问多少钱。店主也想逗逗哈哈，就说："一二三，三二一，一二三四五六七，七加八，八加七，九分十分加十一。"哈哈计算了一下，便付了钱，店主也很满意，两人相视哈哈大笑。

小朋友，你知道哈哈买的什么东西吗？他付了多少钱呢？

94. 小猴吃核桃

花果山秋收了，为了分享胜利果实，孙悟空召集小猴子们分吃核桃。在分核桃前，孙悟空说："今天大家非常高兴，我就出一道吃核桃的问题。假如每5个猴子同时吃5个桃子要5分钟。问：50个猴子同时吃50个桃子一共要多少时间？答对了答的是什么数就奖励多少个，答错了的是什么数就罚多少个。"

孙悟空刚说完，一只小猴跳起来就答道："50分钟！"

小朋友，这个小猴答对了吗？

95. 苏武放牛

西汉中期，北方的匈奴经常侵犯西汉北部边疆。于是汉武帝命令大臣苏武出使匈奴议和。匈奴单于不仅不同意议和，反而扣下了苏武，发配他到北海去放牧。北海牧场主是一个坏蛋，他出了一个题目考苏武。牧场主说："让27头牛吃牧场的草，可以吃6个星期；23头牛吃，可以吃9个星期。那么，21头牛吃，可以吃几个星期？"苏武马上就算出来了。

你知道吗？

96. 孔融装梨

孔融从果园里摘了很多梨，都堆放在地上，他正要一个一个捡回篮子里，这时他的爷爷笑呵呵地来了。他的爷爷说："孔融你别忙着装梨，我考一考你，如果篮子里的梨每分钟加一倍，一小时后篮子就满了，那么放半篮梨需要多长时间？"

孔融马上就算出了正确答案。

你算出了没有？

97. 秦桧的卫兵

秦桧干了很多坏事，他心里很害怕，于是他就在自己的相府外设了两道防线。外围是一条从东到西的直线，里面是一道圆形防线，都长 3 108 丈。他每隔一丈派守一名卫兵，那么两道防线各要派守多少卫兵？

你知道吗？

98. 花果山和火焰山

火焰山的牛魔王老是想和花果山的孙悟空打一架。孙悟空也想教训牛魔王。于是他们约定在中秋节的时候打一架。中秋节到了，牛魔王从火焰山出发，孙悟空从花果山出发。5 个小时后，他们相遇了。在这段时间里，牛魔王比孙悟空少走了 140 公里。孙悟空的行走速度是每小时 40 公里。孙悟空对牛魔王说："你知道花果山和火焰山隔着多少公里吗？回答出来了，我们就动手吧，答不出来的话，吃我 300 棍。"

你能帮牛魔王算出来吗？

99. 米奇和米乐的比赛

老鼠米奇、米乐是兄弟，它们俩都喜欢赛跑。于是它们就手拉着手来到了 100 米的赛场上举行比赛。

平常米乐要比米奇提前 10 米到达终点，但是米奇是哥哥，它不服气。

米乐对米奇说："哥哥，我把我的起跑线向后移 10 米，我仍然能够胜过你。"米奇不信。

你信不信？

100. 猪八戒赶猪

猪八戒每年都要养一些猪进送给玉皇大帝。从南天门到灵霄宝殿要经过 8 道大门，每经过一道大门守门的天兵都要将所赶的猪留下一半，再还一只给猪八戒。现在经过了 4 道大门，猪八戒只剩下了 2 只猪。

你知道猪八戒原来有多少头猪吗？

101．朱文亏了没有

朱文的铅笔用完了，于是他向妈妈要了 *1* 元钱去买了一支 *0.75* 元的铅笔，但是售货员只找了他 *5* 分钱。

你说朱文亏了没有？

102．三位同学用的力量

学校举行大扫除，小明、小能、娜娜分在一个小组扫操场。他们看见操场上有一块断成三角形的水泥地板砖，很容易把同学们绊倒，需要把破损的地板砖抬出操场。小明说："娜娜，你是女同学力气小，你抬最小的一个角，我与小能是男同学，力气大，我们抬两个大角。"

小明这样做照顾到了娜娜吗？为什么？

103．龟兔 *100* 米赛跑

龟兔赛跑，小白兔因为骄傲自满，在半路睡起了大觉，结果让乌龟跑赢了。小白兔耍赖不认输，要与乌龟进行 *100* 米赛跑，乌龟只好同意了。小白兔果真一口气跑到了终点，乌龟比小白兔落后了 *20* 米。乌龟说："*3* 次定输赢，我们再比一次。"小白兔说："比就比，我让你 20 米远的地方，你在起跑线起跑。"随着小白兔和乌龟高喊"一齐跑"，它们都向终点跑去。请问，这次谁先跑到终点？到底为什么？

104．张飞和关羽的年龄

张飞和关羽是三国时期有名的武将。他们的威名扬天下，但是他们不喜欢别人说他们两个人年老力衰。有一次，一个小孩不知道他们的脾气来问他们的年龄。张飞问了小孩的年龄后，生气地说道：关羽爷爷的年龄倒着读是我的年龄数，我和关羽爷爷的年龄差除以 2 是你的年龄数，我比你的年龄大 10 倍。你知不知道我们的年龄？"

小孩被张飞吓得说不出话来。

你快帮帮这个小孩吧！

105．总共才 800 元

新春佳节，两位父亲为两个儿子发压岁钱。一位父亲给了儿子 800 元，另一位父亲给了儿子 300 元。后来，两个儿子数了数自己的钱，发现两人的钱加在一起总共才 800 元。这是什么原因呢？

106．各有多少苹果

小能和小明手里都拿了一些苹果，假如小能把苹果送一个给小明，他们手里的苹果就一样多。假如小明给小能一个苹果，那么小能的苹果恰好是小明的两倍。请仔细想一想，他们原来各有多少个苹果呢？

107. 从轻到重排体重

小红、小兰、小飞、小玲4个人是好朋友。有一天，他们在商场内称体重，结果是小红比小飞重，小红加小兰的体重和小飞加小玲的体重相等，小兰一个人比小红加小飞两个人还要重。那么，请问他们从轻到重应该怎样排列？

108. 车站老大难问题

有一个外国人坐火车从郑州到北京去旅行。他在石家庄站停了下来，看了一下时刻表，知道起点与终点站之间，由北京开向郑州的车是每隔20分钟一趟，而由郑州开向北京的车则是每隔30分钟一趟。这条线上没有别的支线，也没有快车或货车通过。这个外国人觉得，好像不管有多少车辆，最后都会堆在郑州站上。可实际上并不是这样，外国人怎么也弄不明白，你们知道是什么原因吗？

109. 怎样找猪娃娃

猪妈妈带着猪娃娃们去外婆家，它们要经过一条小河，猪妈妈叫一个大猪娃娃做小队长，排队点数。猪队长从前数到后，又从后数到前，不论怎样都少了一只小猪。猪妈妈又叫一只最小的小猪来点数，数来数去还是少一只小猪。猪妈妈以为走丢了一只小猪，难过地哭了起来，还带领小猪们往回走，分散四处寻找。

你能帮猪妈妈找到走失的猪娃娃吗？

110. 指头是多少

有一天，老师考朱朱一个问题："人的手有 10 根指头，那么 10 只手有多少根指头呢？"朱朱觉得太简单了，随口回答道："100 根。"老师笑了笑说："再想一想。"朱朱仔细一想，觉得自己太粗心大意了，他重新回答了老师。

请问，你能迅速回答出这个问题吗？

111. 树上有多少个苹果

在一片大树林中有一棵苹果树，树上结了一个红色的苹果，红红的苹果映着阳光，的确让人眼馋。

有一群猴子来到树林里，它们一边走一边寻找食物。走在最前边的猴子突然发现了树上的红苹果，飞快地蹿上树。其余的猴子也发现了红苹果，一个个馋得直流口水，纷纷往树上爬，去争夺那只红苹果。

请问，树上有几个苹果、几只猴子？

112．还剩几个梨

妈妈买了一篮子梨，吃了之后，篮子里还剩 7 个，妈妈把篮子放在桌子上后就去上班了。过了一会儿，能能想吃梨子，但他够不着，就站在小板凳上踮着脚尖去拉篮子。结果把篮子拉翻了，篮子里的梨全倒了出来，有 4 个梨在桌上，有一个不知滚到哪里去了，能能到处都找不着。能能只好把桌上的梨拾进篮子里。有一个梨不见了，能能虽然怕妈妈回来责备，但管不住自己的馋嘴，就吃了一个。请问，篮子里还剩下几个梨？

113．画圆又画方

灵灵在做作业时，总想看动画片，趁爸爸妈妈不注意，就偷偷地瞄电视。

有一天晚上做作业时，灵灵又偷偷地瞄电视，爸爸看见了批评说："做事决不能一心二用。假如用右手画一个圆，用左手画一个正方形，那么两样都画不好！"灵灵眨眨眼睛调皮地对爸爸说能够画好，立即开始画。他不仅画好了圆，也画好了正方形，爸爸都愣住了。请问他是怎么画的？

114．乐毅长桥排兵点人数

春秋时期，燕国有一名大将，名叫乐毅，他是一位著名的军事家，有勇有谋，很少碰到敌手。有一次，敌军入侵国境，形势十分紧急。此刻，他正在外地巡察军情，来不及回都城调兵遣将，就立刻在当地召集了一些民兵急急忙忙开赴前线。他们来到了一座长桥边，乐毅将军队分两排过桥。这座桥长 40 米，每排士兵相隔 0.2 米，速度是每分钟走 12 米，军队从前排上桥到末排下桥共用 8 分钟。乐毅一估算，就知道了这支军队有多少人。亲爱的读者，你算出来了吗？

115. 一共打猎多少只

小军的爸爸和叔叔十分喜欢打猎，小军总是跟随爸爸出猎，每次都满载而归，小军真有一种凯旋的感觉。

上个星期，小军的爸爸又到山里打猎，他没有跟爸爸一同前去，好不容易盼回爸爸，小军兴冲冲地问爸爸打了些什么东西。

爸爸笑着说："我打了 9 只没尾巴的山鸡，6 只没头的兔子，叔叔打了 8 只半个身子的豹子，你看我们一共打了多少猎物？"

小军挠着头一时想不起来，他不知道爸爸到底打了些什么猎物。你知道小军的爸爸和叔叔打了些什么东西吗？

116. 巧算车牌号码

小王的自行车被小偷偷走了，他到派出所报案。派出所同志询问他车牌号码时，他却记不清号码是多少了，只知道车牌号码的 4 个数字中没有零,各不相同,而且百位数比十位数大,千位数比个位数大2。
如果把号码从右往左读,再加上原来的车牌号码,等于 16456。

你知道小王的车牌号码是多少吗?

117. 千军万马是多少

绘画课上,老师布置了一道题,要求学生以千军万马为内容作一幅画。大部分学生都在纸上密密麻麻地画了许多士兵和马匹,但老师看了都不满意。

小灵画完了,老师一看非常惊喜,称赞小灵聪明伶俐。可画上连一兵一卒都没有,只有一个马头,这怎么算是"千军万马"图呢?老师为什么赞不绝口呢?

118. 巧带钢坯

张工程师到国外去考察,发现了一种钢坯,正是国内一种设备上需要的,于是他买下了钢坯准备带回国内。当他购买返程机票时,发现这个国家规定乘客随身所带的货物,长、宽、高都不准超过 1 米。而这根钢坯虽然直径只有 2 厘米,但长度却达 1.7 米,该怎么办呢?张工程师终于想出了一个绝妙的办法。第二天,钢坯果然被巧妙地带上了飞机,既没有截断钢坯,又没有违反规定。你知道张工程师用了什么样的办法吗?

119. 水池共有几桶水

从前，一个国王听说有个孩子非常聪明，就想考一考他。大臣们找来了这个聪明的孩子，国王就问他："王宫前面有个小水池，你说里面共有几桶水？"

这个孩子眨了眨眼，立即回答出来。国王听后，被孩子的聪明才智折服了，于是把他接进王宫进行专门培养，希望孩子长大后为国家做贡献。

请问：这个孩子是怎样回答国王的？

120. 小狗跑了多远

爸爸带着明明和小狗到公园去溜达，明明与小狗蹦蹦跳跳地跑在前面，10秒钟后爸爸才出门。爸爸刚出门，小狗回头看见了，就向爸爸跑来亲了一下爸爸的脚，又向明明跑去，亲一下明明后，又向爸爸跑去，小狗在爸爸与明明之间来来回回地跑着。假设小狗的速度为每秒5米，爸爸的速度为每秒2米，明明的速度为每秒1米。当爸爸追上明明时，小狗一共跑了多少路程？

121. 奇瓶的容积

在一次试验课上，老师拿着一个奇形的瓶，他要求同学们以最快的速度算出这个瓶子的容积。同学们都争着为瓶子测量周长、直径等，忙忙碌碌地演算起来。小聪却拿起这个奇怪的瓶子，他并没有用笔演算，就得出了这个瓶子非常精确的容积，他的方法令老师和同学们大为惊讶。

请问：小聪用的是什么方法？

122. 有多少本书

放假后，小凡整理自己的小书架。他发现自己 500 册藏书中，已有 5 本书损坏了。另外，他的借书登记本写着：小明借去 4 本，小刚借去 6 本，这些都没有还，还有 2 本书被小妹妹弄丢了。

小凡刚整理完，他的同学来了。他问小凡："你还有多少本书呢？"

你猜小凡是怎样回答的？

123. 两个数字的意思

几何考试评完分后，张老师气愤地走上讲台，将一大叠试卷重重地掷在桌子，神色严肃地说："这次几何考试，大家考得太差了，只有 3 名同学及格。"

大家都感到了问题的严重性，教室里顿时安静了下来。

张老师说："我告诉大家，做任何事情都很不容易。我送你们两句话。"张老师说着在黑板上写下了"1111"和"1001"两个数字，却不是两句话。同学们都不知道什么意思。你知道是什么意思吗？

124．题目出错了吗

江老师喜欢出思考题，一次她出了这样一道题："射手向靶子射了 5 支箭，成绩是 37 环。请问这 37 环是怎样射得的？"

同学们赶紧计算。算了一会儿，小玲举手说："老师，这道题是不是出错了？"小冬则说："是不是少了条件？"

江老师笑着说："题目一点都没错！请大家再好好想想。"

既然题目没错，那么这个射手是怎样射的呢？

125．吃了多少鸡蛋

李员外有几个很顽皮的儿子。一次，李员外带他们到舅舅家里玩。几个人一进门就喊："舅舅，肚子饿了！"舅舅忙叫舅妈把家里的鸡蛋全煮了，拿来给他们吃。舅舅一看就犯了难，说："一个人一个，就多出一个鸡蛋，一个人给两个吧，又少了两个。这样吧，谁多吃一个。"

其他几个兄弟一同说道："不行，不行！一个也不能多吃！"

你知道李员外有几个儿子，舅妈煮了多少个鸡蛋吗？

126．怎么回家

杨婶婶说话很风趣。她有 3 个儿子，3 个儿子都娶了媳妇。3 个媳妇很久没有回娘家了，这天同时向婆婆提出要回去看看父母。

117

杨婶婶笑着说："去吧去吧，都一起去吧。大媳妇去个三五天，二媳妇去个七八天，三媳妇去个半个月。你们同去同回吧，可不许误了日期。"3个媳妇一听，都不知如何是好，只好去跟丈夫商量。丈夫们一听笑了，然后告诉她们怎样回来。3个人果然在同一天回来了。

你知道她们是怎么回来的吗？

127. 刘备追张飞

东汉末年，汉室王孙刘备为了请出隐居在卧龙冈的诸葛亮，三顾茅庐后，终于成功地请出了诸葛亮。这里要讲的是刘备第二次带领关羽、张飞去请诸葛亮的故事。

关羽、张飞刚开始不服诸葛亮，他们要亲自去卧龙冈把诸葛亮捉下山来。于是他们两个人从住所大步朝卧龙冈走去。他们出发的时间是早上 8 点，关羽每小时走 4.5 公里，张飞每小时走 4 公里。刘备得知情况是在上午 10 点，他立刻快步来追张飞和关羽，下午 4 点，关羽和刘备同时到达卧龙冈。刘备是什么时候追上张飞的？

128. 成绩弄错了

期中考试成绩公布之后，小兰这次考得还不错。放学时，老师把打印的成绩单装进信封里让同学们带回去给家长看。

回到家里，小兰妈妈拆开信封一看，脸上顿时现出不高兴的神色，问小兰："你这次语文考了多少分？"小兰说："89 分。"妈妈说："这成绩单上明明写着你的成绩刚过及格线 8 分，怎么当面撒谎？"小兰说："我们老师在班上宣布过的，我怎么会撒谎？"

妈妈和小兰争论了半天，后来才弄清楚了原因。

你知道是什么原因吗？

129. 8 刀切多少块

豆豆可聪明啦，每次班里举行数学竞赛，他都是第一名，奖状贴满了整个墙壁。他的弟弟蛋蛋有点儿不服气，想考考哥哥的能耐有多大。

蛋蛋说："一个西瓜切 3 刀，最多可以切多少块？"豆豆说："8 块。"蛋蛋说："那么一个西瓜切 8 刀，最少可以切多少块？"豆豆说："等等，让我拿纸笔来算一下。"

蛋蛋笑他："不用纸笔啦，我告诉你吧。"豆豆听了答案，不觉羞红了脸。蛋蛋的答案是多少？

130. 神奇的刀法

今天是斤斤的生日，妈妈给他买了一个很大很大的蛋糕，斤斤邀请了一群小伙伴来家里吃蛋糕。

斤斤点了一下人数，总共是 8 个人。斤斤说："这里有 8 个人，那么蛋糕要切成 8 块，也就是要切 3 刀。"文文却说："不用切 3 刀，我只要两刀就解决了。"小伙伴们一听都傻了眼，天下还有如此神奇的刀法！

大家正在发愣，只见文文拿起刀就开始切蛋糕，两刀就切成了 8 块。大家不得不佩服他的刀法。

你说文文的神奇刀法神奇在哪里呢？

131. 简单分骆驼

有一个富人养了 17 头骆驼，他有 3 个儿子。儿子们都长大了，各自要成家立业，富人便把家产分了。这 17 头骆驼大儿子得 1/2，二儿子得 1/3，三儿子得 1/9，剩下的归富人自己，这下可麻烦了，按照这种分法，骆驼只好宰了来分。

正当一筹莫展的时候，有个骑着骆驼的老人过来了。当他知道富人正为分财产犯难时，就爽快地答应为他解决难题。不一会儿，老人就帮助富人把 17 头骆驼公正地分给了他的 3 个儿子，然后又骑着骆驼走了。

老人用什么办法解决了富人的难题呢？

132. 猪八戒吃馒头

唐僧师徒一路西行，正走着，唐僧说："悟空，我们肚子饿了，你去化些斋来。"孙悟空不一会儿就化来了 11 个馒头，唐僧拿了两个，剩下 9 个留给猪八戒和沙僧吃。孙悟空说："一个人最多只能同时拿两个馒头，不准多拿。"猪八戒贪吃，每一次都拿两个，沙僧只拿了一个。他们两个吃得一样快，最后八戒却在那里嘟嘟嚷嚷。你猜为什么？

133. 胜过冠军

比尔是校田径队 100 米赛跑的冠军，杰克是校田径队 1 000 米赛跑的冠军。查理也是校田径队的，跑得也很快。

一天，查理在同学们面前吹嘘："今天我和我们校两位冠军比赛跑，我把他们两个都赢了。"同学们都认为他在吹牛，只有查理的好朋友汤姆说这是真的。

查理是不是吹牛？

134. 种树比赛

3 月到了，小冬和爸爸、哥哥一起去种树。父子 3 人都努力种树，1 个小时后，种了很多。

小冬数了一下，他和爸爸一共种了 16 棵，爸爸比哥哥多种 7 棵。回家后，小冬就这样告诉了妈妈，要妈妈算一算 3 个人各种了多少棵树。

你能不能替妈妈算一算他们 3 个人各植了多少棵树？

135. 飞机与火箭

小胖是班上最贪玩的学生，数学成绩最差。小波则是班上最勤奋的学生，数学成绩最好。小胖对小波总是不服气，一天他对小波说："你是班上数学成绩最好的，我来考你一个问题。有一架飞机的速度是每小时 2 200 公里，有一架火箭的速度是每小时 2 800 公里。如果让它们从航天中心出发，飞机先起飞 7 个小时，然后火箭才起飞。哪个先到达美国？"小波认真算了一下报出他的答案。小胖扑哧一声笑了。小胖说出答案后，小波脸红了。小波为什么脸红？

136. 怎样量醋和油

欢欢的妈妈去城里进货，让欢欢照看小店。有人来买柴油，欢欢问他买多少，客人说买 3 升。

欢欢看到油罐里装着满满的 20 升油，可是量筒找不着了。但欢欢记得昨天妈妈用一个塑料袋装了 3 升醋。她就想了一个办法，让客人满意地走了。

欢欢用的什么办法？

137. 锯钢管要多久

王叔叔正在锯一根 10 米长的钢管，小风走了过来，问道："叔叔，您要把它锯成多少段？"王叔叔说："要锯成 20 段。小风又问："锯断一截要多长时间？"王叔叔答："要 4 分钟。"小风笑着说："我知道你要多长时间才能全部锯完。"王叔叔说："是吗？你说要多久？"

138. 小猴爬梯子多少级

亭亭家养了一只小猴，一天小猴看到葡萄园搭着一架梯子，就偷偷地爬上去吃葡萄。小猴爬到中间一级时，看到下面的葡萄熟一些，就往下退了 3 级，等会儿又爬到了第 7 级，但它又看到下面一点的葡萄熟一些，又往下退了 2 级。它吃了几个葡萄，又爬上了 6 级，这时上面还有 3 级。

这梯子一共有多少级？

139. 父母真的偏心吗

一对小夫妻生了一对双胞胎，是两个胖小子。两个小家伙长得很快，一岁多就会叫爸爸妈妈了。看着这两个聪明伶俐的孩子，小夫妻别提有多高兴了，特别是弟弟更惹人喜爱。虽然父母对两个孩子都很疼爱，但每年总是先给弟弟过生日，再给哥哥过生日，有的人认为父母有些偏心。真的是偏心吗？

140. 哪吒算对了吗

《西游记》里的哪吒小时候是一个非常聪明的孩子。有一次，他的父亲李天王带着他去天山游玩。他们回到家后，李天王就出了一个题目考哪吒。他说：“刚才我们上山每小时走 *7* 千米，下山每小时走 *14* 千米，上山所用的时间比下山多用了一个小时，你能算出从山脚到山顶的距离吗？”

哪吒脱口而出：“*14* 千米。”

是不是这样的呢？算算吧！

141. 人数固定的村落

埃及有一个名叫乌姆·萨菲尔的小村庄，村民至今过着与世隔绝的氏族生活。这里没有买卖和交易，所有产品都是按数量平均分配给全村村民，也不存在盗窃和其他犯罪行为。这个村落的人认为，他们之所以能过着安闲自在的生活，秘密在于一个幸运的数字——*147*。这个村落自古以来一直保持着 *147* 口人，而且永远不变。

试问，他们怎么能做到这一点的呢？你能说说吗？

142. 6198

一个正在过马路的男子，被突如其来的一辆车撞倒，肇事车主逃之夭夭。被撞男子气息奄奄，送往医院途中，只说出了逃跑汽车的车牌号是“*6198*”，便去世了。

警察马上找到了该牌号的车辆，但该车驾驶员有确切的不在现场证明，而且这辆车已经坏了，在案发前就已送修理厂去修理了。

如此说来，肇事车辆的车牌号不是“*6198*”。然而，聪明的警察很快便抓到了真正的肇事车主。

你知道这是为什么吗？

143. 缺秤砣

为了对市重点工程提供优质服务，果品公司决定派小王和小李到远郊一个建筑工地送西瓜。两人装了一车绿皮、红瓤、黑子的"苏蜜"西瓜，带上一架小台秤出发了。山路崎岖、颠簸，快到中午时才到工地。

卸车时，小李发现小台秤除底砣和一个 1 公斤砣以外，其余的砣全在颠簸的路上弄丢了。这样，这台秤最多只能称 2 公斤，可是西瓜大的就有六七公斤，小的也有三四公斤，怎么办呢？打听了一下，因工地坐落在半山坡上，附近没有可以借的地方。

工人们兴高采烈地来买西瓜，一听没法过秤，都很扫兴。有个小伙子出主意说："要不把西瓜切成几块，慢慢称吧？"

这时一旁有个老工人说："那又何必呢？"说着他只用了几分钟的时间，就使这台秤恢复了原来的称量。

试问，他用的是什么方法呢？

144. 智猜电话号码

出差之前，老何让小徐在 1979 年 12 月 24 日下午打个电话给他。但是号码很特别，以下几点可以告诉你：它是一个六位数，若把前后分为两个三位数 a 与 b，则 a 加 b 正好能整除年份 1979，a 减 b 正好

能整除月份 *12*；b 的最后一个数正好能整除日期 *24*。

试问，你知道这个电话号码是多少吗？

145. 一大碗香茶

一个小贩用一斤茶叶沏好一桶茶水。

他在木牌上写道：二分，一碗茶。

来往顾客闻到茶香，争相购买，没多久，一桶茶水卖个精光。

小贩心想，既然顾客欢迎，买卖兴隆，自己何不少放茶叶，多赚些钱呢？

他用半斤茶叶沏好一桶茶水。

他在木牌上多写一个字：二分，一大碗茶。

由于天气炎热，一桶茶水也卖个精光。

小贩盘算，既然少放茶叶，照样卖光，自己何不……

第三天，小贩用一两茶叶沏好一桶茶水。

他在木牌上再多写一个字：二分，一大碗香茶。

茶摊上，又摆了一台四喇叭录音机，不时播出音乐。

试问，这一次茶水生意如何呢？

146. 暗查

1991 年 *2* 月 *1* 日上午 *10* 时许，铁路上海站南广场上车来人往。离西首行李房不远处，排着一溜清一色带"z"牌照的个体出租小货车，

车老板在徘徊候客。

此时，有五男一女拎着"拷克"箱、旅行袋前来租车。

"到啥地方？""Z0493"车老板问。

"去公平路码头拉货，多少钱？"

"来回 50 元。"

"好，50 就 50，再帮忙叫一辆一起去。"

车老板很快叫来了他熟识的另一辆"Z0710"号车。这个车老板一听去向和车价，嫌钱少，连叫："60 元！ 60 元！"

客人勉为其难地应允了。6 人分头上了车。两辆车一前一后驶出南广场，才过立交桥拐弯，客人突然要车靠边停下。还没等车老板回过神来，几位客人分别亮出了身份。原来 5 人是不穿制服的上海市陆上管理处稽查人员，一位是随访记者。

按规定：0.6 吨货运车价的基价为 7.20 元，每公里运价 0.70 元。从铁路上海站至公平路来回价最高不超过 30 元，现在要价超过了一倍。车老板开始抵赖："刚才的开价是开玩笑的。"当稽查人员拿出了证据以后，车老板无话可说了。

试问，稽查人员拿出的是什么证据呢？

147. 借东西

从前，有个姓王的秀才，满腹经纶，却因奸臣当道，穷困潦倒。

一天，王秀才赛诗归来，饥肠辘辘，就叫儿子阿聪赶快煮饭。可家中早就没米了，这时，他才想起今天是大年三十。去哪儿借钱买米呢？王秀才急得团团转。突然，他看见墙角处有一段圆毛竹，不由灵机一动，忙用刀往圆竹筒上劈去，当劈到 1/3，靠近竹节处就不再劈了，叫儿子拿着带刀子的圆竹筒，到邻村最要好的朋友李秀才家去。

李秀才家中富裕，是个喜欢猜谜的人。当阿聪把这段圆竹筒给他后，他拿起竹筒，仔细看了起来。看了一会儿，他突然哈哈大笑，立即吩咐家人，拿出一袋米和几吊钱交给阿聪。

试问，你知道李秀才怎么猜出王秀才家中缺钱少米的吗？

148. 需要多少只猫

如果 3 只猫在 3 天里只能捉 3 只老鼠，那么，要在 100 天里捉 100 只老鼠，需要多少只猫呢？

149. 自鸣钟敲响

君君家中有一座古老的自鸣钟，这种自鸣钟的特点是每个小时它都会依着钟数的多少而发出相应的声响来。今天，君君忽然想知道自鸣钟敲响 12 下需要多长时间。他发现当钟敲到第 10 下时，秒钟上正指着 27 秒。那么当敲完 12 下时，又会是多少秒呢？

150. 占美追珍妮

珍妮和占美正在沙滩上做游戏，珍妮说："你来追我，看你是否追得上。"

现在珍妮走在占美前 *28* 步,她每走两步要 *1* 秒,而占美的两步,相当于她的 *3* 步,占美要多长时间,才能追上珍妮?

151. 分苹果不许切

一只盘子里放着 *5* 个苹果,分给 *5* 个孩子,每人分 *1* 个,但是还要留 *1* 个在盘子里,并且不许把苹果切开来分。

试问,这该怎么分呢?

152. 揪出偷鱼贼

从前,有一个商人,在荷兰的阿姆斯特丹港口,向当地渔民购买了 *5 000* 吨青鱼。为了防止丢失,他亲自监督过磅,然后又亲眼看着装上船,这才放心地起锚开航。旅途中,他派专人看守盛鱼的船舱,认为这样做就能万无一失了。船经过了几十天的航行,商人来到了非洲赤道附近的马加的沙港停泊,准备在那儿将鱼卖出去。谁知一过秤,却发现青鱼少了将近 *19* 吨。短缺的鱼到哪里去了呢?被偷是不可能的,因为轮船沿途并没有靠过岸。当时,大家都无法接受这个事实。那么,你能解开这个谜,揪出那个偷鱼的贼吗?

153．4个4等于多少

下面6个算术题都是4个4，请你在数字内添上加、减、乘、除和括号等各种不同的符号，在演算后，得出不同的答案。

4444=5

4444=20

4444=24

4444=28

4444=48

4444=68

154．鸡鸭各多少

小敏家里养了不少鸡和鸭。

一天，小刚问小敏："你们家有多少只鸡，多少只鸭？"

小敏回答："鸡数乘鸭数，把这个积数在镜子里一照，在镜子里看到的恰巧是我们家养的鸡和鸭的总数。"小刚怔住了，这可该怎么算呢？

你能帮小刚算出小敏家养的鸡和鸭各有多少只吗？

155．上楼的时间

唐小清住在大吉大厦的十二楼。自从他知道爬楼梯有利于身体

健康后，便日日爬楼梯。由一楼走到六楼，小清需用 *40* 秒，假设她的步速不变，那么由六楼至十二楼只需 *40* 秒，但事实并不如此，你知道是什么原因吗？

156．哪个流得快

（1）一个孔和两个孔，哪个快？

这里有两罐桔汁，其中一罐开了一个孔，另一罐紧挨着开了两个孔，竖直向下倒。你想想，哪个罐的汁流出得快？

（2）斜着倒和竖直向下倒，哪个快？

两个同样的瓶子，里面装了同样多的水，一个瓶子斜着倒，另一个瓶子竖直向下倒。你想想，哪个瓶里的水先流完？

157．鸡蛋放进杯

杯子上有一张卡片，卡片上有一个鸡蛋。不准用手拿鸡蛋，怎么把鸡蛋放进杯子里？

158．车上的乘客

有一辆马车，由 A 站开始，载着 *5* 名乘客出发。到 B 站时，有 *3* 名乘客下车，*2* 名乘客上车。在 C 站只有 *1* 名乘客上车。在 D 站有

3 名乘客下车，4 名乘客上车。当马车驶离 D 市不久，便遇到印第安人的袭击，结果有 2 名乘客遇难。当到达 E 站后，车长把遇难者的遗体和 2 名伤者留下。随后，在没有乘客的情况下到达终点站。那么，在到达终点站时，车上共有多少名乘客呢？

159. 梯子有几级

有一座 3 层的楼房着火了，一名消防员搭梯子爬到 3 楼抢救物品。当他爬到梯子正中一级时，2 楼的窗口喷出火来，他就往下退了 3 级。等到火过去，他又爬上 7 级，这时屋顶上有一块砖掉下来，他又往后退了 2 级，幸亏砖没有打着他，他又爬上 6 级。这时他距离最高一层还有 3 级。你想想看，这梯子一共有几级？

160. 如何过关卡

相传有一个恶霸在通往山间的唯一的一条交通要道上设了 5 道关卡，并巧立名目对过路行人进行敲诈勒索。其中有这么一条规定：凡赶带家畜者，每道关卡先扣其家畜的半数（如果所赶带的家畜数是单数，则多扣留半只），然后再退还一只。

一天，有 3 个兄弟赶着 5 只羊准备翻山到集市上去出售。当他们从过路行人那里得知上述的规定后，都很生气，又很着急。最后，聪明的大哥想了个办法，向兄弟 3 人嘱咐了几句话，兄弟 3 人赶着羊顺利地通过了 5 道关卡，结果一只羊也没损失。

试问，这兄弟 3 人到底是怎样赶着羊通过这条山路的？

161. 几个馒头

王先生为了避难，便躲到防空洞中栖身。一个星期后，他带来的食物就只剩馒头了。如果他现在拿出 3 个馒头的话，那么，在他手上有多少个馒头呢？

162. 能用的子弹

3 个猎人到森林里打猎，其中两个猎人的子弹因沾了水，不能再用，因此 3 个猎人平均分配了存好的子弹。在每人射击 4 次后，3 人所剩子弹总数和分配时每人所得的子弹相等。

试问，分配时共有多少粒能用的子弹？

163. 谁先发觉

有两座高山，中间相隔 500 多米。有一天晚上，在第一座高山的山顶上有 3 个人，1 个盲人，1 个聋人、还有 1 个人因为太疲倦，所以躺在地上睡着了。

夜非常静，忽然，在第二座高山上有人向这边放了一枪，盲人听见了"砰"的枪声；聋人虽然听不见，可是看到了枪口上的火光；

而那个睡着的人呢，他也发觉了，原来那颗枪弹恰巧擦着他的鼻尖飞过去。

当然，他们3人都发现了有人开过枪，可是你能说出他们3人之中，谁是最先发觉的人吗？

164. 何时一起返回

阿强、阿伍、小刘、小王4人都是海员，今年1月1日，他们同时乘不同的游轮出海，阿强要隔16个星期回港一次，阿伍每隔12个星期回港，小刘则隔8个星期，小王也要4个星期返港一次。那么，哪一天他们4人可以一同返港呢？

165. 孔子书架上的书

青年时期的孔子有100个弟子。孔子的书架有3层，总共放了450本书。有一次，他问一个弟子："我从第二层拿35本书放到第一层，从第三层拿出2本放到第二层，又从第一层拿出29本书放到第三层。这样一放，3层的书都相等了，那么原来3层各有多少本书呢？"

孔子的弟子当然是非常聪明的，他没眨两下眼睛就说出了答案。

166. 智搬枕木

有枕木 15 根，排成一竖排。现在要求每次只搬 1 根枕木，把这些枕木搬成 5 个组，每组是 3 根；每次搬的时候要求跳过 3 根枕木。请你想一想，应该怎样搬？

167. 巧算年龄

假期里，初二甲班的几个同学去看望教数学的黄老师，黄老师在家里热情地接待了他们。在闲谈过程中，一个同学问："黄老师，您今年多大岁数了？"黄老师想了想说："我今年的年龄的个位数刚好等于我儿子晶晶的年龄，十位数刚好等于我女儿玲玲的年龄，同时我的年龄又刚好是晶晶和玲玲年龄乘积的 2 倍。请你们算一算，我的年龄是多少？"同学们一个个都兴致勃勃地演算起来，不一会儿就算出了答案。你能算出来吗？

168. 能否拉起自己

在一株很高的柿子树上结有很多红柿子，而在树的旁边有一个木牌，上面写着："请随便采摘。"

小明路过此地，不但看到了这个木牌，还看到了其中一个树干上系着的绳轴，他很快便想到可以利用该绳轴来助他达到目的。

首先，他将其中一条绳绑在自己身上，然后用双手握着绳的另一端，试着把自己拉起来。

假如，小明的体重是 50 公斤，而双手的力量是 30 公斤，你觉得他可以拉起自己吗？

169. 数水果

一天晚上，刘大爷想数一数他卖剩下的 18 个桔子和梨中，有几个桔子几个梨。这时，水果叽叽喳喳地说开了。梨说："如果今天我们多卖出 4 个，那么我们就和桔子弟弟相等。"

"对啦,刘大爷您多给我们 4 个同伴,我们的数就和梨哥哥一样多。"桔子说。

刘大爷说："这么说，用不着看，我想一想就知道你们各有多少了。"接着，他念道："18 除以 2 等于 9，9 减 4 等于 5，9 加 4 等于 13。桔子 5 个，梨是 13 个。"刘大爷说完，拍拍手起身要走，桔子急得喊起来："刘大爷，您算错了，我们不只 5 个呀！"

梨也说："刘大爷，您算错了，我们没有这么多啊！"

请你帮刘大爷算算看，究竟有几个梨和几个桔子呢？

170. 桶和油怎么分

供销社运来 21 桶油，其中 7 桶是满的，7 桶是半桶，还有 7 桶是空的。供销社李主任说："必须尽快将油和桶平均分给3个代销点。"并且提出为了节省时间，不许用秤，不许倒。这可真难住了大家。后来还是售货员小王想出了一个办法，顺利地解决了这个问题。你知道他是怎么分的吗？

171．猫狗吃肉

狗和猫在树林里举行的运动会上进行200米赛跑，可跑道只有100米，所以跑到100米终点后还需折回来。按规定，谁先跑到200米终点，谁就可以吃掉放在终点上的一大块肉。当猴子举枪发令以后，猫和狗都想先吃到香喷喷的肉。狗1步能跑3米，猫1步只能跑2米，但猫比狗灵活，猫跑3步，狗才能跑2步。

你说一说狗和猫谁能吃到这块肉呢？

172．汽车行了多少里

平平乘汽车经过一个地方，看到路标是15951，他觉得很有趣。这个数字的第一个数和第五个数相同，第二个和第四个相同。

汽车行驶了2个小时，平平又看到了路标上的数字，仍然是第一个和第五个相同，第二个和第四个相同。你知道汽车2个小时内行驶了多少千米吗？另一个路标的数字是多少呢？

173．延长 30 秒

由 A 到 B，要经过一条山道。一个人走，需要 5 分钟；两个人走，需要 5 分 30 秒；三个人一起走，需要 6 分钟。为什么每多一个人走，路程便会延长如秒呢？你知道是什么原因吗？

174．巧妙避雨

现在，小明的四周正下雨，然而小明的身体却一点也没有被沾湿。而且小明正身处户外，也没有带任何雨具。为什么雨水没有淋湿小明呢？

175．列车有多长

在双轨铁路线上，对开的两列列车相遇了，一列车的速度是每小时 36 千米，另一列车的速度是每小时 45 千米。第二列车上的旅客发觉第一列车在旁边开过时共用了 56 秒钟。第一列列车有多长？

176．鸡蛋没摔坏

爸爸总喜欢问约翰一些奇怪的问题。今天他对约翰说："从前有一个人，他站在 600 米的山顶上，从头顶向下扔一个鸡蛋。非常奇怪，鸡蛋下落 600 米时，却没有被摔杯，这是怎么一回事呢？"

"那山底下一定是铺了很厚的棉花！"约翰说。

"不对，山底下全是乱石块。"爸爸纠正说。

那是怎么一回事呢？

177. 多少人得奖

上数学课时，李老师提了一个有趣的问题："去年'六一'儿童节，全市小学四年级举行了一次数学比赛。比赛前决定，前 15 名可以得奖。比赛结果真是巧得很：得第一名的 1 人，第二名的 2 人，第三名的 3 人，一直取到第 15 名。总之，第几名就是几个人。请大家用简便方法来计算一下，这次得奖的一共有多少人？"

老师讲完后，小刚站起来说："李老师，这个问题很简单，得奖总人数有 120 人。"

老师笑着问大家："你们看他说的对吗？""对！"大家异口同声地回答。

你知道小刚是怎么计算出得奖总人数的吗？

178. 男孩和女孩

游泳池里，一些小朋友正在游泳。男孩戴的是天蓝色的游泳帽，女孩戴的是粉红色的游泳帽。

有趣的是在每一个男孩子看来,天蓝色游泳帽与粉红色游泳帽一样多;而在每个女孩子看来,天蓝色游泳帽比红粉色游泳帽多一倍。

你说一说,男孩子与女孩子各有多少个?

179. 巧切蛋糕

史密斯教授 70 寿辰那天,他的朋友和学生都赶来祝寿。老教授兴致勃勃地指着桌上的一块奶油蛋糕说:"用这把刀切这块蛋糕,只准切 6 刀,不限平均,谁切的块数最多谁就是胜利者。"由于没有一个人有把握一次成功,便取来纸,画个圆圈代表蛋糕,一个个埋头设计起"切蛋糕方案"来。不一会儿,一张张切蛋糕方案设计出来了:有切 12 块的,也有切 16 块的、19 块的,老教授均摇头不语。最后交卷的是寡言少语却善于动脑筋的玛丽。教授看着她的答案,频频点头,满意地笑了。

试问,你知道玛丽切了多少块吗?

180. 还有几个角

一张长方形的纸有 4 个角,剪掉一个角,还有几个角(要求答出 3 个不同的数)?

181．智猜蚕豆

小英两只手里都拿了一把蚕豆，一把是单数，一把是双数，叫杏芳猜她哪只手里的蚕豆是单数。杏芳想了一下，叫她把右手里的蚕豆数目乘 3，左手里的乘 2，然后把两个数目加起来告诉她。小英算了算，是 43。杏芳说："你右手的蚕豆是单数。"小英一看，果然叫她猜测中了。你想一想她是怎么猜的呢？

182．国王的士兵

从前有一个国王，带兵去打仗。在出发前，想要提高士兵的士气，就来了一次检阅。他命令士兵，每排排 10 人，任何一排不得少人。所有士兵照每排 10 人排下去，排到最后一排只有 9 人。这个国王认为最后一排有一个空缺是不吉利的。于是改为每排 9 人，但排到最后一排，仍缺 1 人；又改成每排 8 人，最后一排，仍缺 1 人；再改 7 人一排，6 人一排，……2 人一排，最后一排始终缺少一人。国王有些急了，认为这次出兵一定会打败仗，因此就不敢动兵。据说，国王的士兵最多不到 3 000 人。但究竟有多少士兵，还需要请你算一算。

183．谁先拿到宝剑

古时候，有一位将军，英勇善战，足智多谋。由于他年迈体衰，自觉已力不从心，便决定从两个副将军中选择一个承袭将印。

这一天，将军把两个副将叫到河边，对他们说："我家祖传宝剑便藏在家中的卧室里，我家紧靠河的下游，乘船去可直接抵达；骑马去可沿海边大道前进，但还有 1/3 的路途必须下马步行。骑马的速度是乘船的 3 倍，步行的速度是船速的 2/5。这里有一条小船和一匹马，你们两个各自选择，看谁先到达我家摘取宝剑。"

两个副将站在河边踌躇了好久，后来一个上马飞奔，一个乘船而下。那么到底是哪一个副将先摘取宝剑呢？

184. 法官的正确裁决

靠淘金起家的富翁汉森，临终前把他的两个伙伴叫到床前，告诉他们一个不为人知的砂金产地，允许他们到那儿淘金，前提是他们永远不把秘密外传，并且只去一次。他们的契约上规定，两个伙伴——泰尔和西德尼，或者他们的随从，只要能将金子背回汉森家，无论数量多少，都将归背者所有。

第二天，泰尔和西德尼启程了，一头驴子驮着他们的工具和食物。半年之后，他们淘了很多的砂金，便铸成一块金砖回到了汉森的家。两人都说金砖是自己背回来的。在法庭上，法官看了那块金砖和那份契约，便做出了正确的裁决。

那么，金砖归谁所有了呢？

185. 孔子给学生分桔子

孔子招收了一些学生，由于人数太多，他的书房安排不了那么多人。于是他把学生分成了大小两个班。孔子在春节的时候，买了一些桔子回来，准备分给他的学生吃。在分桔子的时候，孔子出了一个题目考他的学生。他说："我把这些桔子平均分给两个班，每人可分3个桔子；如果只分给大班，每人可得4个。如果分给小班，每人可得几个？"

孔子的学生全部回答出来了，他们是同时举手回答的。

你有没有这么快呢？

186. 往返飞行

一架飞机从A城飞往B城，然后返回A城。在无风的情况下，它整个往返飞行的平均地速（相对于地面的速度）为每小时100千米。假设沿着从A城到B城的方向笔直地刮着一股持续的大风。如果在飞机往返飞行的整个过程中发动机的速度同往常一样，这股风将对飞机往返飞行的平均地速有何影响？

怀特先生论证道："这股风根本不会影响平均地速。在飞机从A城飞往B城的过程中，大风将加快飞机的速度，但在返回的过程中大风将以相等的数量减缓飞机的速度。""这似乎言之有理，"布朗先生表示赞同，"但是，假如风速是每小时100千米，飞机将以每小时200千米的速度从A城飞往B城，但它返回时的速度将是零，飞机根本不能飞回来。"你能解释这似乎矛盾的现象吗？

187. 菜地面积是多少

羊伯伯是种菜能手，它种的菜年年获得大丰收。

许多动物都闻讯赶来，向羊伯伯请教种菜经验。

羊伯伯很热情，它把平时种菜得来的经验，毫无保留地介绍给来访者。

羊伯伯的名气越来越大，电视台还派了记者来采访它。

"请问您种的菜为什么长得这么好？"记者问它。

羊伯伯回答得很形象，它说："我把它们都看作是我自己的孩子，无微不至地照顾它们，这是最根本的原因。"

"您回答得真是好极了。"记者说。

后来，有一家农场要请羊伯伯去做报告，羊伯伯连夜准备发言稿。

写着,写着,它写不下去了。因为它不知道它的蔬菜田面积是多少,也不会计算。

羊伯伯跑去请教老马先生。老马先生是村里的秀才，它知识丰富，大家遇事总爱找它帮忙。

老马先生一口答应，它说："今天我就抽空帮你去测量，然后算好答案给您送去。"

羊伯伯走后，老马先生做完手头的事，就跑到羊伯伯的田头，仔细测量起来。

羊伯伯的蔬菜地呈长方形，测量好长和宽后，老马先生回到家计算起蔬菜田的面积来。

正巧这时候它的小孙子小马驹放学回家，小马驹问爷爷："爷爷，您在干什么呀？"

老马先生讲了羊伯伯委托的事，想起小孙子已经学过怎么计算长方形面积，有意要考考它，就出了这样一道题：

"一块长方形土地，如果长减少 5 米，面积就减少 200 平方米；如果宽增加 4 米，面积就增加 320 平方米，这块土地的面积是多少？"

小马驹是班里的数学课代表，数学成绩很好，这道题难不住它，它很快就算出来了。

老马先生夸小孙子回答得好，说："这个面积就是羊伯伯蔬菜田的面积，你去把结果告诉它吧。"

小马驹二话没说就跑去了。

你们知道小马驹是如何算的吗？

188. 篮球、排球各有多少

小海豹和小海象在同一个学校读书，它们是同桌。这天上最后一节课时，小海豹碰碰小海象，悄悄对它说："下课后去打球好吗？"

小海象刚想回答，被鲸鱼老师发现了，鲸鱼老师严厉地说："你们两位在干什么？站起来！"

小海象站起来了，小海豹却坐着不动。

"小海豹！"鲸鱼老师有点儿生气了，它大声喊道。

小海豹脾气很犟，它还是不动，嘴里嘀咕道："我又没干什么，只不过说了一句话。"

鲸鱼老师走了过来，怒气冲冲地说："你没听到我说的话吗？"

小海豹很不情愿地站起来，低着头。

"快说，刚才你们在说什么？"鲸鱼老师的语气缓和了下来。

小海象胆子小，当鲸鱼老师的眼光转向它时，它说了出来："小海豹叫我下课后去打球。"

小海豹狠狠瞪了小海象一眼。

"哦，原来是这么回事。"鲸鱼老师说："我也爱打球，下课后我们一起去好吗？不过，这是下课以后的事，上课时你们要认真听课。"

小海豹原以为鲸鱼老师会训它一顿，现在听它这样说，松了一口气，心里想鲸鱼老师还是挺可亲的。

不知怎么回事，在接下去的时间里，小海豹再也没有开过小差，它听得很认真，这可是从来也没有过的。小海象呢，也同样如此。

下课铃声响了，鲸鱼老师向它们走过来，说："打球去吗？"

小海豹和小海象受宠若惊，一时竟有点儿不知所措。

"走！先到体育室借球去。"鲸鱼老师说完，转身向教室外走去。

一路上，鲸鱼老师有意要考考它们上课的内容听了没有，便说："体育室有足球 12 个，是篮球的 2 倍，排球足球的 2 倍多 6 个。你们算算看，篮球有多少？排球有多少？"

因为小海豹和小海象这节课认真听讲了，所以马上就把答案算了出来。

鲸鱼老师听完答案后，高兴地连声说"对"。

这以后，小海豹和小海象一下子懂得了学习的重要性，上课也特别认真。

小朋友们，你们知道小海豹和小海象是怎么算的吗？

189. 小乌龟拜师学算术

依山傍水的动物村里，住着一位木匠——老乌龟。老乌龟有一个宝贝儿子——小乌龟。

小乌龟刚会走路的时候就跟着老乌龟学做家具。老乌龟做一个桌子，它学做一个小桌子；老乌龟做一个凳子，它仿做一个小凳子……做什么像什么，村里的动物谁见了都夸它聪明。

有一天，动物村来了一位猩猩博士，它学问高深，尤其精通算术。

老乌龟很想让小乌龟去拜猩猩博士为师，因为它知道要想真正学会高深的木匠手艺，得有坚实的算术基础。

主意打定，老乌龟准备了一份厚礼，上门拜访猩猩博士。

猩猩博士热情地接待了老乌龟，说它去过很多地方，唯有这个动物村最干净，动物们也最讲礼貌，所以它准备在这里多住一段时间。

老乌龟趁机提出了它的要求——请猩猩博士收它的儿子为徒，学习算术。

猩猩博士没有立即答应，只是说它收学生有很高的要求，得聪明好学。

老乌龟对此并不担忧，说它的儿子小乌龟是完全符合博士要求的，并一再恳求。

猩猩博士闻此言，终于答应收小乌龟为徒。

小乌龟自打拜猩猩博士为师后，每日勤奋学习，进步很快。一般小动物要花三四年才能全部学完的《动物算术本经》，它只花了一年多的时间就已完全掌握了。

　　猩猩博士对小乌龟很是满意，这日，它对小乌龟说："你已经学完《动物算术本经》，待我出题考考你。"

　　"请老师出题吧！"小乌龟十分恭敬地说。

　　猩猩博士推了推架在鼻梁上的眼镜，说："假设从动物村出发到狮王所住的王宫，要翻过 99 座山，渡过 99 条河。再假如翻每座山平均要行 763 米，渡每条河平均要行 237 米。你算一下翻山和渡河一共要行多少米？"

　　小乌龟略微思索了一下，拿出纸、笔，很快列出了一道算式，然后它大声报出答案。

　　猩猩博士听了连声夸赞，说它回答得非常正确。

　　后来，小乌龟因为算术学得好，成了一名能工巧匠，连狮王都指名要它打家具。

　　小乌龟列出了一道什么样的算式？

190. 两站相距多少千米

　　小狗很想学会游泳，能够像鸭子一样在水面上划来划去，那一定是非常有趣的。

　　小狗去请教鸭子："我怎样才能学会游泳呢？"

　　鸭子说："你要每天练习，慢慢就会了。"

　　小狗跟着鸭子学游泳。第一天，它呛了一肚子水；第二天，它的头撞到了水中的石头，差点没晕过去；第三天，它的尾巴被水中的水草缠住，差点失去了尾巴。

　　小狗心里想：这样下去，游泳没学会，性命倒快要学丢了。　　·

小狗灰心丧气地离开了鸭子。

几天后，小狗经过一条小河，看到小河里有许多小鱼在愉快地游来游去。

"鱼生活在水里，要是我学会吃鱼，那我一定就会游泳了。"小狗异想天开。

小狗马上跑到集市上，买了一条鱼，开始大口吃起来。

小动物们见了，奇怪地围住它，问："你不是从来不吃鱼的吗？"

小狗不回答，它闭着眼睛把鱼往嘴里塞。

鱼还没咽到肚子里，小狗就吐了出来，因为鱼的味道对于小狗来说太难吃了。

后来它总算把一条鱼吃了下去。"啊！我成功了。"小狗一边大叫道，一边飞快向小河边跑去。

小动物们不知道它要干什么，都对着它的背影摇摇头。

正说间，小狗跑到了小河边，脱去外衣，急忙跳进了河里。

小狗原以为它现在会像鱼一样自由地在水中游动，哪知道，它的身子一直往水下沉。

"救……"话还没喊出来，就不见了它的影子。

当小狗醒来的时候，它正躺在医院的病床上。

"你怎么能自杀呢？"这时绵羊护士走进来说，"要不是小水牛把你救上来，你肯定没命了。"

小狗张了张嘴说不出话来，它的脸红红的。

小狗住在医院里，不能去上学。每天放学后，它的伙伴们都来医院看它，告诉它老师讲课的内容。这天的作业中，有一道题是这样的：两列火车同时从甲、乙两站相向而行，第一次相遇在离甲站40千米的地方，两车仍以原速度继续前进，两车到站后立即返回，又在

离乙站 *20* 千米的地方相遇。问两站相距多少千米？

你能算出来这道题吗？

191．A 代表几呢

大鼻孔巨人被人们视作怪物，不得不离家出走。

走啊走，天色晚了，大鼻孔巨人就在山梁上躺了下来，准备就这样过一夜。

这时，有只小松鼠，它迷路了。它"呜呜"哭着走到大鼻孔巨人睡觉的地方，看见大鼻孔巨人的两个大鼻孔，以为是两个山洞，就钻进了其中一个。

第二天早上大鼻孔巨人醒来，拍拍身上的灰尘，继续赶路。

前面是一个小城，大鼻孔巨人闻到一股炒面的香味，就径直向面馆走去。从昨天到现在，他还什么都没吃过呢。

吃面的队伍排得很长，大鼻孔巨人走到队伍后面也排起队来。

前面有个顾客在喊："给我加点胡椒粉。"

随之，一阵辣味在空气中弥漫开来，大鼻孔巨人觉得鼻子痒痒的，张大嘴巴打了个大喷嚏。

随着这一声清脆响亮的喷嚏声，从大鼻孔巨人的鼻孔里喷出一只小松鼠，顾客们见了，吓得四处逃散。

小松鼠和大鼻孔巨人面对面站着，都弄不明白是怎么回事。

终于，大鼻孔巨人问："你怎么钻进我的鼻子里？"

小松鼠说："你是说我钻进你的鼻子里？你可真会开玩笑。"

"那你怎么会在我的鼻子里？大鼻孔巨人问。

"我正要问你呢。"小松鼠说,"我在一个山洞里过夜,你是怎么把我弄到这里来的?"

小松鼠终于弄明白了,它误把大鼻孔巨人的鼻孔当作山洞钻了进去。这次奇遇,使小松鼠和大鼻孔巨人成了好朋友。

有一回,大鼻孔巨人在书里看到一道题,他左思右想解不出来。题目是这样的:有一个四位数——3AA1,它能被9整除,这里A代表几呢?

巨人把题目拿给小松鼠看,请小松鼠帮着解答。小松鼠开动脑筋,想了好久,最后还是没有算出来。

你能帮帮大鼻孔巨人和小松鼠吗?

192. 使得数都是 100

住在外星球上的小熊来地球玩。它看到一片森林,惊讶地说:"这是什么?长这么高?"

"喂!你们是谁?"小熊问。

树木不回答,只是发出"沙沙沙"的声音。

"我们来比比谁的力气大!"小熊说,抱住一棵树,用力一拔,把它拔出来了。

"和你也来比比!"小熊抱住另一棵树,一用力,也把它拔出来了。

小熊拔了一棵又一棵,越拔越起劲。

"你在干什么?"突然,传来一声大喊。

小熊一愣,回头一看,是一只可爱的小兔子。

"我在和它们比赛谁的力气大。"小熊指着被它拔出来的树说。

"唉呀！"小兔子跺着脚说，"树被拔出来是活不了的。"

"这是真的吗？"小熊后悔地说，"现在可怎么办呢？"

"赶快把它们种下去呀！"小兔子说。

小肥熊"嗯嗯"答应着，立即动手。

树都重新种好了，小兔子也知道小熊是从外星球上来的，它抱歉地说："对不起，我刚才不该那样说你。"

"没关系。"小熊笑着说，"也怪我对你们地球太不了解。"

它们就这么认识了，并很快熟悉起来，互相说了许多知心话。

小兔子问小熊："你们在外星球做算术吗？"

小熊答："做的呀。"

"那你能利用五个 1，五个 3，五个 5，分别列出三个算式，使它们的得数都等于 100 吗？"

小熊想了想，马上就把三个式子列了出来。（一）

小兔子看了连连点头。接着，它又提出把六个 5，七个 5，八个 5，再列出三个算式，使得数还是等于 100。

小熊很快又列出了式子。（二）

小兔子看了，冲着小熊直竖大拇指。

小熊是怎样列的算式呢？

193. 小鸭子逛商店

小鸭子好久没有去逛商店了。今天天气很好，它穿上了漂亮的衣服高高兴兴地去逛商店了。小鸭子一共逛了 5 家商店，每进一家商店花去的钱，要比口袋里的钱的一半还要多 1 元，逛完 5 家商店后，

它身上的钱也正好花完。

小鸭子算不出来它带了多少钱出门，你帮小鸭子算一算吧！

194．小阿凡提数手指

小阿凡提是一个非常聪明的小孩。小巴依总是想欺负小阿凡提，但总是拿小阿凡提没有办法。小巴依有一天从数学书里找了一个他做了 8 天还没有做出来的题为难小阿凡提。题目是这样的：有一个数加上 8，再乘以 8，又减去 8，最后除以 8，结果还是等于 8。这个数是多少？小阿凡提假装数手指计算，小巴依用嘲笑的眼神看着他。但是，小阿凡提只数了两下手指就算出来了。小巴依气得跑回了家。

你知道小阿凡提是怎么算出来的吗？

195．小猫乐米乐卖鱼

星期天，小猫乐米乐捉了很多鱼。它一下子吃不完，于是它就把一些鱼装进鱼筐里拿到大街上卖。

小猫乐米乐把全部鱼的 1/2 卖给了第一位顾客，把剩下的 1/2 卖给了第二位顾客，然后把剩下的 1/2 卖给了第三位顾客……依此这样卖下去，当第六位顾客来买鱼时，小猫乐米乐把最后剩下的 1/2 的鱼卖给了他。

那么，小猫乐米乐鱼筐里最初有多少条鱼呢？

196. 两家有多远

又到了星期天，小东东和小西西都有空。于是小东东打了一个电话给小西西，约小西西从家里出发向小东东家走来的同时，小东东也从家里出发向小西西家走去，乘机测量一下两家的距离。

小东东和小西西相向而行，第一次相遇在离小东东家40米的地方。两个人依然以原速度继续前进，两个人分别到了对方的家门口后立刻返回，他们又在离小西西家20米的地方相遇。小东东和小西西笑哈哈地测量出了两家的距离。

那么，两家距离到底是多少米呢？

197. 难倒小狗史努比

数学老师长胡子山羊布置了两道课外作业，小狗史努比做了两个小时都没有做出来。最后，实在没办法，只好去请教聪明的一休了。

一休看了一下题目：把最小的一位数、最小的两位数、最小的三位数、最小的四位数、最小的五位数加在一起，得数应该是多少？另外，把最大的一位数、最大的两位数、最大的三位数、最大的四位数、最大的五位数加在一起，得数又是多少？

一休看完题目后，马上就说出答案。

你知道答案是什么吗？

198. 猪八戒算对了

花果山的小猴子们都吵着要孙悟空买新衣服给它们穿，要知道，它们有 500 年没有穿新衣服了。孙悟空决定买 150 件猴衣，颜色分别为红、黄、蓝、白 4 种。孙悟空给小猴子们出了一道题目，算出来了，才买新衣服。

题目：如果红色衣服加上 4 件，黄色衣服减 4 件，蓝色衣服乘以 4 件，白色衣服除以 4 件，那么 4 种颜色的衣服就一样多，问 4 种颜色的衣服各有多少件？

小猴子们算不出来，只好请来了猪八戒，猪八戒拍了一下肚皮就算出来了。

你知道，猪八戒是怎么算出来的吗？

199. 小猫乐米乐养的老鼠

小猫乐米乐养了 115 只老鼠，因为老鼠们不听话，于是小猫乐米乐立刻把白鼠平均分养在 14 只笼子里，把余下的黑鼠平均分养在 9 只笼子里，正好每只笼子里的老鼠都一样多。老鼠们见小猫乐米乐不好惹，都老实了起来。

请问，小猫乐米乐养了多少只白鼠？多少只黑鼠？

200. 大力水手波勃的力气

大力水手波勃又要出海巡逻了，当然他没有忘记往他的船上搬罐头。罐头的包装有 3 种：长方形、正方形、圆柱形。长方形罐头重量占总重量的一半；正方形罐头重量占总重量的 1/3；圆柱形罐头比正方形罐头少如公斤。

大力水手波勃是个聪明的小伙子，他一下子就算出了 3 种罐头各自的重量。

你算出来了吗？

201. 情意缠绵的报警电话

一天，大侦探哈莱金来到皇冠大酒店。他发现在这里喝酒的一伙人，正是国际刑警组织正在通辑的走私犯。因为这伙罪犯不知道哈莱金的真实身份，所以谁也没注意他。

为了迅速抓捕这些罪犯，哈莱金用电话通知了警方。哈莱金装着和女友通电话，这伙人听到的电话内容是这样的："亲爱的罗莎，您好吗？我是哈莱金，昨晚不舒服，很抱歉，昨天没陪你去电影院，现在好多了，全亏皇冠大酒店经理送的特效药。亲爱的，不要和我生气，我们会永远在一起的，请你原谅我的失约，我的病不是很快就好了吗？今晚赶来你家时再向你道歉，可别生我的气呀！好吧，再见。"这伙人听了，大笑不止。可是 5 分钟后，警方突然出现在他们面前，他们不得不举手投降。

你知道这是怎么回事吗?

202. 阿凡提的旅行路程

阿凡提在家里呆烦了,他决定到外面去游玩,于是阿凡提骑着毛驴出发了。阿凡提的旅游目的地是长城。

阿凡提骑着毛驴走了一半的路程后,他就在毛驴身上睡了起来。当他醒来的时候,发现剩下的路程只有他睡觉时走过路程的1/4。他眯了一下眼睛就知道了在他睡觉的时候毛驴走过了全程几分之几的路程。

亲爱的读者,你知道吗?

203. 米老鼠给唐老鸭出题目

米老鼠和唐老鸭是邻居也是好朋友。但是唐老鸭总是不服气米老鼠比它聪明,总是缠着要和米老鼠比试智力。于是米老鼠给唐老鸭出了一个题目,如果算出来了,米老鼠就甘拜下风。

题目:有一群大雁,1只在前,4只在后;1只在后,4只在前;1只在左,4只在右;1只在右,4只在左;1只在2只中间,3只排成一行,共排了2行。问这样大雁有多少只?队形是怎样排的?

唐老鸭被米老鼠这个题目气得嘎嘎大叫。你帮帮唐老鸭吧。

204. 小熊威克多摘梨

丰收的秋天又到了，小熊威克多、小狗史努比、小猫乐米乐决定到果园去帮果农伯伯摘水果。它们被分配去摘梨。

小熊威克多和小狗史努比共摘了 300 千克梨；小狗史努比和小猫乐米乐共摘了 300 千克梨；小猫乐米乐和小熊威克多共摘了 270 千克梨。它们一摘完梨就计算各自摘了多少梨。

小猫乐米乐比它的伙伴聪明一些，一下子就把它们各自所摘的重量算了出来。

你能算出来吗？

205. 阿里巴巴卖香蕉

阿里巴巴从水果批发市场运来了一些香蕉回家乡卖。阿里巴巴把最好的香蕉定价为 1.2 元 1 斤，把最差的香蕉定价为 0.45 元 1 斤。阿里巴巴卖最差的香蕉比卖最好的香蕉多卖了 5 斤，两种香蕉卖了一样多的钱。

聪明的阿里巴巴很快就把最好香蕉和最差香蕉卖的斤数算了出来。

你能算出来吗？别让阿里巴巴失望哦！

206. 一休预算订报人数

小东东带了一道在课堂上没做完的作业题回家做。但是小东东做了很久还是没有做出来，他不想再做下去了，于是拿起作业本就去找聪明的一休。

小东东把题目读给了一休听：全班 42 名同学都订了报，其中订阅《智力报》的有 33 名；订阅《奥林匹克习题报》的有 28 名。问有多少同学两种报纸都订了？

一休对小东东说："别急，别急！"一休一闭上眼睛就算出来了。

你能比一休算得快吗？

207. 唐僧计算经书页码

唐僧历经千辛万苦终于来到大雷音寺领取佛经。如来佛祖出了一个题目想考考唐僧的智力。如来佛祖对唐僧说："我有一本佛经，它的页码不到 3 000 页。把这本书的全部页码除以 2 余 1，除以 3 余 2，除以 4 余 3，除以 5 余 4，依此类推，除以 9 余 8。问这本佛经准确页码是多少？"

唐僧算了好久才算出来，你能算出来吗？

208. 唐僧耍赖

唐僧师徒偷吃了镇元子大仙的人参果，但却在镇元子大仙面前耍赖说没吃人参果。镇元子大仙气得直跺脚。唐僧只得说："你的人参果是被我 3 个徒弟吃了，你要惩罚就惩罚他们 3 个人吧。他们一共偷吃 45 个人参果。孙悟空如果先分 4 个给猪八戒，再从猪八戒那里分 7 个给沙僧，那么他们 3 个人就吃了一样多。"

镇元子大仙一下子就算出来了。

你知道孙悟空、猪八戒、沙僧各吃了多少个人参果吗？

209. 小猫乐米乐写字

小猫乐米乐、小狗史努比、小熊威克多、小鸭圣吉奥一起练习写字。史努比看到威克多比自己少写 8 个字，圣吉奥写的字数仅是自己的 1/2。圣吉奥和史努比写的字加起来，比乐米乐多写 8 个字。已知它们总共写了 264 个字，问它们各自写了多少个字？

小鸭圣吉奥、小猫乐米乐很快有了答案。

小熊威克多、小狗史努比急得算不出来。

你也来试试吧！

210. 小东东换泡泡糖

东街大商店卖泡泡糖,价格是1角钱1个。小东东特别爱吃泡泡糖。有一天,他又拿着妈妈给他的零花钱买泡泡糖去了。店老板告诉了他一个最新的消息:3张泡泡糖包装纸可以换1个泡泡糖。小东东很高兴,他拿出1元钱对店老板说:"照你这么说,我花1元钱可以买多少个泡泡糖呢?"店老板笑着问小东东:"你自己知道吗?"

小东东不好意思地笑了笑,摇了摇头。

你帮帮小东东好不好?

211. 法海出怪题为难白蛇

聪明善良的白蛇娘娘被金山寺的法海和尚困在雷峰塔下100年了。白蛇娘娘一直想出去和家人团圆。于是法海和尚便出了一个题目要白蛇娘娘算,如果算对了就放人。

题目:金山寺有100个和尚,共吃100个馒头。大和尚每人吃3个,小和尚3人吃1个。问金山寺各有大小和尚多少个?聪明的白蛇娘娘一下子就算出来了,法海和尚只好放了她。

你知道聪明的白蛇娘娘是怎么算的吗?

212. 阿里巴巴妙算数学家年龄

阿里巴巴做生意发了大财，于是他就用这笔钱周游世界。一天，阿里巴巴来到了古代大数学家丢番图的墓前，刻在墓上的碑文是丢番图出的一道数学应用题，要求依题算出他的年龄。

碑文是这样写的：我的 1/6 是童年，我的青年时代占我一生 1/12 的时间，又过了我一生 1/7 的时间我结婚了，5 年后生了个儿子，但是儿子的年龄只是我的一半，儿子死后，我只活了 4 年就去世了。

阿里巴巴看完碑文就算出了数学家的年龄。

你能够算出来吗？

213. 包拯考学位的怪题

包拯考状元的时候，碰到的考题是这样的：

有一些姑娘去买花布，她们同时看上了布店里的红色布料，于是她们争先恐后地购买，如果每人买 6 匹，就余 5 匹；如果每人买 7 匹，就差 8 匹。问有多少人在分多少匹布？

包拯才思敏捷，一下子就算出来了。

你和包拯比一比吧！

214. 拿破仑操练士兵

拿破仑是个足智多谋的军事家，他训练了一支 160 人的队伍专门打头阵。他为了让他这支队伍时刻保持警惕，于是在士兵熟睡的时候，突然吹起紧急集合的哨令。领队长官发现有 89 人戴了军帽，有 67 人穿了军鞋，有 10 人没戴军帽，军鞋也没有穿。拿破仑马上问领队长官有多少士兵既戴了军帽又穿了军鞋。

领队长官刚要去数。拿破仑大喝一声："不要去数了，我早知道了。"

你知道拿破仑算出的答案吗？

215. 逃离危机

一天夜里，怪盗梅琦偷了一辆大卡车。这辆大卡车中满是美术珍品。

然而，在逃跑途中，卡车被卡在等高线处动弹不得。

卡车上的货柜箱只要在低 1.5 公分，即可从桥下通过。但这个货柜箱是正方形的，即使横放，其高度也一样。

正当梅琦决定放弃时，突然心生一计。

数分钟后，她驾驶卡车，平安通过等高线逃走了。她到底使用了什么方法呢？

216. 金块在哪里

怪盗梅琦计划窃取金店地下金库的 100 公斤金块，藏在轿车内，然后连车一起运往国外。

团侦探得知这个情报，立刻通知警方。

刑警随即赶往海港，在梅琦的车上船前加以扣押。

"你们要干什么？这部车里又没装什么？"

梅琦抗议。

刑警仔细搜查了整个轿车，也没发现任何金块的踪影，连轮胎和座椅都卸下来了，仍然一无所获。刑警们非常沮丧。

"看吧，连虚假的情报都通知警方，害得各位白忙一场。哈哈哈……"

正当梅琦发出嘲笑声时，团侦探赶来了。他看了车子一眼之后说道："你们在搜哪里啊？黄金不正在你们眼前吗？"

"没有呀。"

"我们已彻彻底底搜查过了。"

刑警们纷纷叫屈。

团侦探告诉了警方，黄金藏在何处。

"梅琦小姐，真可怜，这些黄金全部没收。我看你得受到惩罚了。不过，由于不确定这些黄金是不是从金店偷出来的，所以不能定你是否犯了盗窃罪。"

"可恶！只差一步就成功了……"

梅琦很懊恼。

请问，怪盗梅琦到底将 100 公斤的金块藏在车子的什么地方了呢？

217. 雪夜作证

正值冬季，晚上 9 点多钟，某村发生了一起案件。

那天，从早晨开始下雪，一直下到晚上 8 点，积雪有 15 厘米厚。

经过一夜的搜查，找出了住在邻村的一个男性嫌疑人。第二天早晨，男子在阐述不在现场的证明时，作了如下回答：

"你瞧，我是一个人过日子，没有谁能给我作证。我昨晚一直在家，8 点左右雪停了，我便烧了洗澡水，9 点左右我正舒舒服服地泡在澡盆里。我家是用木柴烧热水的，非常舒服。"

刑警连洗澡间也没进，马上识破了这个家伙的谎言。

这是为什么呢？

218. 沙粒的证词

冲绳县有一个位于石垣岛西南 6 公里海面上的竹富岛。岛上只有 120 多户人家，被誉为西部国家公园，四周海景非常美丽。

星期六早上，在竹富岛南海岸的海滩上，露营中的摄影师被发现陈尸此处。死者好像是被钝器敲击头部身亡。海滩上似有留下死者与凶手打斗的痕迹。推定死亡时间为昨晚 10 点左右。

被害人为了拍摄珊瑚礁，3 天前独自前来此地露营。

被害人借来的游艇不见了，但隔天在石垣岛的海岸边被发现。凶手好像乘此游艇逃到了石垣岛。

根据搜查结果，住在绳本岛那霸市的业余摄影师金城幸二有重大嫌疑，而且警方在突发现场的帐篷上找到了他的指纹。

于是，警方向他询问不在场证明。

"星期五晚上直到星期六，我都在那霸市。因为得了感冒，所以整天在家里睡觉。

"上星期，他到冲绳岛幺满海岸露营时，我曾当他的助手。"

"你杀死被害人后，便搭乘游艇逃回石垣岛。因为石垣岛有飞机场，你又搭乘飞机回到那霸市。如此一来，星期六你就有在那霸市的不在场证明。"

刑警如此逼问。

"别怀疑我啊！事实上，竹富岛我连一次也没有去过呢！"

金城幸二自始至终自称清白。

为求慎重，刑警要求监视班支援，彻底搜查金城幸二的房间。结果，从衣橱里的长裤、衬衫中发现了极微量的沙，成为破案的关键。

此极微量的沙为什么会成为决定性的证据呢？

219. 简短对话

这是一件凶杀案，一位外交官在机场被刺杀。犯罪嫌疑人伊特被捕。审讯记录上写着：

"星期一上午 8 点钟左右，你在飞机场的咖啡厅喝咖啡？"

"是的。"

"你没看见当时和你隔开一个通道，相距不过 5 米远的那个人被刀刺死？"

"没看见。我当时正在读当天的晨报。"

"咖啡厅的收银员记得你，你当时显得很匆忙。你给了她一张大钞，却没等她找你钱。"

"我得赶飞机。"

"你注意了时间，却没注意到那人胸口上插了把刀子？"

"也许碰到过他，但我没正眼仔细瞧过。"

"你没听见他要几片面包？"

"我记不得了。晨报上《周末文艺》栏上刊登了一篇非常精彩的推理小说。等我读完，发现纽约的飞机马上就要起飞了。"

探长听到这儿，自言自语道："说谎是要受惩罚的。"显然，探长看出了罪犯的破绽。

聪明的读者，你看出来了吗？

220. 属实的证词

晚上 7 点半左右，102 室的老人数万元现金丢失，住在 103 室的夏某嫌疑最大。他向警方说："不可能是我。那天有 4 个朋友来玩，可以证明我一直在厨房做饭。"那 4 人还证明说："确实不是他。我们 4 人下午在打麻将，吃晚饭时还一起看了新闻：是 ×× 主持的，内容有……"经与有关电视台核对，完全属实，后来案破了，夏某被捕，那他如何作的案呢？

221. 燃烧的无人岛

日本有一则击退山上大蛇的故事。

"古事记"中记载，天照大神（日本神话中奉为日皇的祖先）的弟弟苏沙是个粗鲁的人，所以被赶出天界，下放至日本国的肥之川。

由于河川的上游有筷子流下来，想必那儿一定有人居住。于是苏沙前往查看。结果发现，偌大的屋内，一对老夫妇拥着一位美少女哭泣。

他上前询问。

"我们夫妇有8个女儿，但山上的大蛇每年都要来吃掉一个女儿。现在我们就只剩下这个女儿了。今年，大蛇出现的时间又到了，一想到仅存的女儿就要被大蛇吃掉，叫我们怎么不伤心……"

老夫妇悲叹着。

"是什么样的大蛇？"

"那是一条一个身体，8个头，8条尾巴，身体长到可以在8座山峰加8个山谷上翻滚的怪物。"

苏沙一听，立即暴跳起来。

"好，交给我，我来处置。"

他请老夫妇准备了8坛酒。

苏沙背着酒坛就出发了，他到了大蛇居住的地方，将酒坛开封，酒香四溢。大蛇马上跑出来喝酒。等大蛇的8个头喝醉之后，苏沙切下了尾巴。

此时，从尾巴弹出一把锋利的剑，此即呼风史雨剑。苏沙认为

这是神剑，准备以后献给天照大神。

杀死山上大蛇的苏沙和老夫妇的女儿结了婚，到隐岐岛度蜜月。

隐岐诸岛中有个平坦又狭小的无人岛，岛上一株树木也没有，全部被草所覆盖，就像是一条大棉被。

苏沙将船靠岸，偕新婚妻子登陆。

由于旅程劳累，他们在岛中央不知不觉就睡着了。

不知睡了多久，苏沙被新婚妻子唤醒。这时已经日暮，北风吹来。让人吃惊的火焰从岛的北侧熊熊燃烧过来。

事实上，山上大蛇的部下为了报老大被杀之仇，遂从岛的北侧点枯草放火。

火随着北风吹过来，再这样下去，苏沙和妻子就要被烧死了。

不巧，船停靠的岸边是岛的北侧，现在已经来不及乘船逃跑。岛的东西及南面是断崖，四周的海里都是食人鲨，所以也不可能跳海逃生。野火马上要吞噬整个岛了，苏沙和妻子危在旦夕。

但苏沙随即化危机为转机，救了自己和妻子。

请问，苏沙使用了什么办法呢？

222. 财产的诱惑

杰米应一位富家女之邀，和富家女的堂姐及堂姐的未婚夫——一个外科医生，4人一起到郊外的别墅野餐。

富家女的双亲都已去世，由她继承了巨额的家产。她的身材小巧轻盈。到达别墅后，他们在庭院的草地上野餐。

他们带了3个大篮子，里面装满食物。吃饱后，篮子没收进别墅里。

杰米和堂姐谈天时，富家女和外科医生一起进了别墅。好久也不见他们出来。当堂姐进屋去时，外科医生从另一边的森林中出来了。他一身泥巴，在摘野草莓。杰米问他富家女在哪里？他说在屋里。

然而，当他们3人进屋去时，却找不到富家女，而且门窗都是从里面锁住的。

杰米找来找去，只在走廊上捡到了一块防水布片，3人很失望地将野餐用具收拾整齐，把大篮子放回车上，离开了。

后来警方进行了仔细的检查。但除在浴室里有一点血迹外，实在找不出什么来。

富家女“失踪”了，你能解开这个谜吗？

223. 登山家之死

北阿尔卑斯山飞弹山脉的穗高岳溪谷，出现了一位登山者的尸体。她背着背包，埋在溪谷的残雪中。死者头骨凹陷，像是被落石击中，翻落溪谷身亡。

死亡大约一星期了，左手戴的手表是数字式手表，至今仍像随着心脏鼓动般跳动着。脸部埋在残雪中，几乎没有腐坏，非常干净，一点儿都没脏，鼻梁很挺直，是25岁左右的女性。

“每个为登山者所设的山中小屋，都没有收到求救信号。判断这位女性大概是一个人上山。这么说来，一定是登山老手。”

年轻的救难队员说道。

“不，这位遇害者是生手，对登山不太了解。她大概想一个人攀登穗高岳。也可能不是单纯的意外事故，而是他杀。凶手故意带她前来此处，再制造山难死亡的假象。这个凶手也没什么登山经验。"

经验老道的登山老手救难队长如此断定。

理由何在？

224．逃走的车号是……

一天夜晚，一辆联结车撞倒骑脚踏车的学生后逃逸。

虽然是深夜，还好有两位目击者。

其中一人说肇事车辆的车牌号是 9453。

另一个人说是 6837。

证词完全不同，侦查人员有点儿伤脑筋。

随之，侦查人员突然注意到一件事，采用两人的证词进行搜查，结果找出肇事的车辆，逮捕了逃逸的司机。

那么，肇事车辆的牌号是多少？

（此肇事车辆的车牌号码没有伪装）

225．慌不择路

间谍杜比奉了上级之命，潜入敌方和柏加联系。正当二人接头之时，突然出现了一批便衣警察，把杜比拘捕了，原来柏加是双重间谍。

杜比被警察带到一座 12 层高的大型建筑物的地下室。这座建筑物是仓库，很安静。一个警官对杜比说："我们将秘密处死你。"他拿出了一个定时炸弹，放在杜比脚下说："两小时后，你便被炸得粉碎。"

警察已离去，室内只留下了反被双手绑着的杜比，他发现手中绳索很容易解脱，但是觉得全身软弱无力，昏昏欲睡，原来空气中弥漫着迷药，他被迷晕了。当杜比醒来时，发现离计时炸弹爆炸只有 5 分钟，他挣脱手中的绳索，来不及细想就跑向窗口，好在窗户没有上锁，他立即开窗跳了出去，随即而来的是一声惨叫。次日，工人们在报纸上看到一段新闻："某国旅客意外坠楼丧生。"

奇怪，杜比怎么会"坠楼"而死呢？他不是被带往地下室了吗？

226. 圆脸与长脸

星野健太郎从自家的窗户缝里目击到邻居家发生的一起凶杀案。因为凶手在通过窗户窥视的星野眼前闪过好几次，所以星野清楚地记得那个人的长相。

星野对来调查的刑警说凶手是一个脸细长的男人，而日后去自首的凶犯却是圆脸，并非细长脸。

难道星野目击到的人不是凶手吗？

227. 给骡子接生

某养马场丢失了一匹名驹，经过调查，附近的一个农民有重大嫌疑。在审问中，这个农民有不在现场的证明。他说："昨晚，我一

直待在家里，刚好我养的骡子要生产，我彻夜没睡，守在旁边，怎么会去偷马驹？"请你判断他的证言能成立吗？

228. 掉入陷阱的男人

养蜂人小西五郎，每年一到初夏，便会追逐花草的开放，驾驶捕蜂车，载着蜜蜂箱到北海道来。

今天小西五郎又在富良野盆地的草原上，打开巢箱捕蜂。

去年巢箱的蜂蜜被熊吃掉了，所以今年小西五郎在熊出现的路上挖了个大洞作为陷阱，防止巢箱再度被袭。

挖洞时，由于不知熊何时会来袭，便将猎枪放在附近的草丛里。

当野兽掉入此陷阱，脚会被紧紧束住，即使再有力，也逃不出去。事实上，小西五郎小时候就曾经不小心落入这种陷阱，所以知道其威力之强。

陷阱终于做好了，他坐在了草地上。

这时候，森林中走出了两名男子，说要借火点香烟。但当他将打火机交给对方时，这两人突然向他推挤过来。小西五郎掉进了陷阱。

"哈哈！正好有捉熊的陷阱。你的捕蜂车我们就接收啦！"

两人进入小西五郎的车内，吃起车上现有的食物。

突然，车门被打开。

"手举起来，反抗就开枪。"

小西五郎手持猎枪命令道。

原本一脚被夹住，动弹不得的他，是怎样逃出陷阱的呢？

173

229. 不翼而飞

有兄弟三人，他们有一个共同的爱好——收藏。老大喜欢收藏古玩；老二喜欢收藏邮票；老三喜欢收藏书籍。他们有一个巨大的玻璃柜，大家都把珍品放在柜中互相欣赏。这个柜的钥匙放在一个很精致的小钱箱中。

有一天，老二带了一个老同学回家，准备让他欣赏自己最新收藏的一张稀有的邮票。

老二当着老同学的面，从钱箱中取出钥匙，打开了玻璃柜，拿出邮票给同学欣赏。老同学也是一位收藏家，他对那张邮票爱不释手，央求老二高价让给他，老二不舍得，老同学只得释手。老二又小心翼翼地把邮票放回柜中锁好。

次日，老二又想取出那张邮票欣赏，但发现邮票已经不翼而飞了，而柜锁完好。于是老二立即报警，警方在现场找不到任何线索，因为凡是应该留下指纹的地方，都被抹掉了。虽然如此，根据推断，邮票是老二的老同学偷去的。

你们知道警方是根据什么推断的吗？

附：答案

1. 答案：桔子是 180 只，苹果是 360 只。

2. 答案：5050。

3. 答案：4 次。

4. 答案：5 只鸡。

5. 答案：苏东坡钓了 1 条鱼。

6. 答案：左边取胜。

7. 答案：文秀才、祝秀才、丁秀才各拿 10 两银子还给唐伯虎就行了，这样只动用了 30 两银子。如果按顺序还，要动用 100 两银子。

8. 答案：米老鼠胜利。

9. 答案：将遗产分为 7 等份，儿子拿 4 份，女儿拿 1 份，母亲拿 2 份。

10. 答案：137 个军营，397 个士兵。

11. 答案：从第一层到第九层依次为：16、15、14、13、12、11、10、9、8。

12. 答案：原有酒 7/8 斗。

13. 答案：48 个星期，他们在 12 月 2 日聚会。

14. 答案：19 瓶。

15. 答案：28 天。

16. 答案：张飞亏了 8 两银子。

17. 答案：31 场比拼。

18. 答案：单峰驼 7 头，双峰驼 8 头。

19. 答案：120 名士兵。

20. 答案：285311670611，即 11 的 11 次方。

21. 答案：(1 + 14) ×7=105（个）。

22. 答案：(1) 公鹅 4 只，母鹅 18 只，小鹅 78 只。 (2) 公鹅 8 只，母鹅 11 只，小鹅 81 只。 (3) 公鹅 12 只，母鹅 4 只，小鹅 84 只。

23. 答案：108 颗。

24. 答案：30 吨。

25. 答案：30 根。

26. 答案：20%。

27. 答案：19 只鹅，每只鹅每天吃 17 条蚯蚓。

28. 答案：相等。

29. 答案：4500 首诗。

30. 答案：(1) 如果是偶数，左手就是奇数（5 两）；(2) 如果是奇数，左手就是偶数（2 两）。

31. 答案：每轮结束抢报 3 的倍数（3、6、9…30)，让杜甫先报数。

32. 答案：45 平方分米。

33. 答案：6 名。

34. 答案：1÷（1/5 + 1/15）=15/4（小时）。

35. 答案：6 支。

36. 答案：1 + 2 + 4 + 8 +……+ 215=3276 元 8 角。

37. 答案：高斯修桌子锯了 5 根，修椅子锯了 1 根，共 6 根，锯了 5 次，共损耗 2.5 厘米。43×5 + 37 + 2.5=254.5 厘米。没有余料，最节省。

38. 答案：110 岁。这里采用的是五进位制记数。

39. 答案：把它们排成一行后，按顺序把 7 放在 10 上，把 5 放在 2 上，把 3 放在 8 上，把 1 放在 4 上，把 9 放在 6 上，这样成了 2、4、6、8、10 五堆排列。

40. 答案：5 米。

41. 答案：1841 年。

42.答案：大斧头 24 把，小斧头 48 把。

43.答案：大西瓜 11 元钱，巧克力 0.5 元 1 个。

44.答案：300 公里。

45.答案：唐老鸭。唐老鸭骑全程需要 2 小时 24 分钟，但米老鼠需要 2 小时 30 分钟。

46.答案：大本书 3 元一本，小本书 1 元一本。

47.答案：180 米。

48.答案：两条折痕相距 1 厘米。

49.答案：3 的 21 次方。

50.答案：6561 个。

51.答案：左手的笼子里有 3 只野狼 5 只老鹰，右手的笼子里有 4 只野狼 3 只老鹰。

52.答案：刀 15 把，剑 3 把，枪 2 把。

53.答案：大象 9 头，单峰骆驼 7 头，双峰骆驼 8 头。

54.答案：16 人。

55.答案：大将 1 人，中将 3 人，上将 10 人。

56.答案：98 把。

57.答案：25 块牛肉。

58.答案：10 支。

59.答案：阿凡提 43 元，阿里巴巴 21 元。

60.答案：唐老鸭 93.4 斤，史努比 95.2 斤，米老鼠 89 斤。

61.答案：1.97 公斤米。

62.答案：那人说："我不缺钱。我是来这里做生意的，你们城里有什么地方可用 5 块钱停三天车的！？"

63.答案：全幢大楼共有 7 层，每一层楼面上的顾客要到其余六层楼楼面去，就相当于提出了六种"乘梯要求"，7 层楼面就有 42 种要求（6×7=42）。可是从第一层上升到第二层的要求，同第二层下

降到第一层的要求可以由同一架电梯来完成，因此这两种要求，实际上属于同一种要求。推而广之，上述42种要求，只有一半，即21种不同的要求。由于每架电梯允许停靠三个楼面，所以每架电梯就能解决3种要求，21种要求只要7架电梯（21÷3=7）就能全部解决了。

64. 答案：小青带9元8角钱，用去4元9角，剩下4元9角。

65. 答案：老板标价的方法是每个字5元，所以连衣裙是15元。

66. 答案：32号运动员最后离开队伍。

67. 答案：楚人见一头鹿的价钱与千斤粮食相同，便纷纷制作猎具，奔往深山捕鹿，不再好好种田了。连楚国的官兵也陆续将兵器换成了猎具，偷偷上山了。一年之后，楚国的铜币堆成了山，但粮食严重短缺，出现了严重的饥荒。楚人想用铜币去买粮食，却无处可买。因为管仲早已发出号令，禁止诸侯与楚通商。这么一来，楚军人饥马瘦，战斗力大大下降。管仲见时机已到，集合八路诸侯大军，浩浩荡荡，开往楚境，势如破竹。楚成王内外交困，无可奈何，忙派大臣求和，同意不再割据一方，欺凌小国，保证接受齐国的号令。

68. 答案：小白兔估计错了。因为有1封信装错，必然导致其余3封信中至少有1封不能对应，这与小白兔的估计是不符合的。

69. 答案：分别称一下重量，最重的面积最大，最轻的面积最小。

70. 答案：4个就可配到相同颜色的乒乓球，3个就不行了，因为还有一个机会，就是摸出3个不同颜色的乒乓球。

71. 答案：一个柚等于5个苹果的重量。

72. 答案：它们买的的贺卡一样贵，都是6角钱1张。

73. 答案：娟娟说："根据这两种车的时间特点，碰上哪种车就坐哪种车，反正票价都相同，乘哪种车都一样。"

74. 答案：小熊说得对。袜子本身有袜口，把袜口算进去，正好12个洞。

75. 答案：蜻蜓有7只；蜘蛛有5只；蜜蜂有6只。

76. 答案：5个。因为老师问的是有折痕的四边形。

77. 答案：一个人把木板向河对岸伸出5尺左右，自己压住留在岸上的这一头。对岸的人把他那边的木板搭在伸过来的木板上，从上面走过来。然后，他再替换着压住这岸的木板，这岸边的人就可以从木板上走过去了。

78. 答案：男生2人，女生3人。

79. 答案：3个长工把圆木摆放成三角形。

80. 答案：先用3根橡皮筋每根捆3支铅笔，最后一根橡皮筋把这3捆铅笔捆在一起。

81. 答案：在一根线的一端拴一个螺母，用手把线的另一端轻轻捏靠在侧立的破碟子的上边，让线自然下垂，画下线所在的位置，然后换个位置再做一次，两线交叉的地方就是破碟子的重心。

82. 答案：小凤与小兰都是6岁。谁的生日小谁就大些。

83. 答案：共有119名女同学和1名男同学参加这次展览会。

84. 答案：最后还剩下5根蜡烛，因为其余4根都燃完了。

85. 答案：还有5个。

86. 答案：一盒粉笔90克重。

87. 答案：小杰说得不对。平均速度应为3里。

88. 答案：3个。

89. 答案：因为三角形的两个边长的和总是大于第三边，而这个骗子说的恰恰是两个边长的和等于第三边，所以很快识破了骗子。

90. 答案：二班得了47分，一班得了53分。

91. 答案：借助水的浮力，一个人先攀上软梯，另一个人待水齐到颈部时开始攀登。攀登的速度与水涨的速度相同，使水的高度始终齐人的颈部。借助水的浮力，人在水中的重量就大大减轻了，这样，软梯就可以负担得住两个人了。

92. 答案：猪妈妈把3只小猪留在了家。因为猪妈妈带来一只小

猪后，小猪们平均分得了馒头，即每只小猪4个，16÷4=4，原来分馒头时少了一只小猪，所以是4－1=3只。

93. 答案：哈哈买的是猪血，付了1元钱。把所有的数字相加，就100（分）。

94. 答案：不对，应是5分钟。

95. 答案：12个星期。

96. 答案：59分钟。

97. 答案：3108÷4=777名卫兵。

98. 答案：260公里。

99. 答案：米乐仍然胜利。因为米乐跑100米时米奇才跑90米，那么离终点还有10米时，它们是并驾齐驱了。所以米乐仍能领先1米到达终点。

100. 答案：两头猪。

101. 答案：没亏。他只用了0.80元买铅笔。

102. 答案：3个同学还是用了一样的力气。因为三角形的重心位于3条中线的交点，这个交点把每条中线分成了1：2两部分。如果3人的高矮差不多，不论抬哪一个角都要承担1/3的重量。

103. 答案：小白兔先跑到终点。因为小白兔跑得快，即使小白兔让给乌龟20米，但乌龟要到达终点，还是要比第一次多爬20米。小白兔同样多20米，当然先跑到终点。

104. 答案：关羽54岁，张飞45岁。

105. 答案：原来，两位父亲和两个儿子是祖父、父亲和儿子的关系。祖父给儿子（父亲）800元，父亲又从中拿出300元给儿子。因此，两个儿子的钱加在一起只有800元钱。

106. 答案：小能原来的苹果有7个，而小明只有5个。

107. 答案：小飞、小红、小兰、小玲。

108. 答案：因为开往郑州的车是4辆编组，而开往北京的车则

是 6 辆编组。

109. 答案: 点数的猪娃娃都没将自己本身数上, 其实一个也不少。

110. 答案: 10 只手有 50 个指头。

111. 答案: 树上只有一只苹果, 树上一只猴子都没有, 猴子都在地上打起架来了。

112. 答案: 还有 5 个。

113. 答案: 灵灵先用右手画圆, 再用左手画正方形, 当然画得好!

114. 答案: $2 \times [(12 \times 8 - 40) \div 0.2 + 1] = 562$ (人)。

115. 答案: 9 字去尾为 0, 6 字去头是 0, 8 字去一半仍是 0, 所以, 这次打猎是一无所获。

116. 答案: 小王的车牌号码是 9317。

117. 答案: 这一位学生画了一座城楼, 城门口的战马刚露出半个头, 一面 "帅" 字旗斜出。虽然没见一兵一卒, 但千军万马可想而知了。

118. 答案: 张工程师用木板钉了一只长宽高均为 1 米的木箱, 然后将钢坯斜角放进去, 因为 1 米的立方体它的对角线超过 1.7 米。

119. 答案: 小孩回答说: "要看是多大的桶。如果桶和水池一般大, 那就是一桶水。如果桶只有水池一半大, 那就是两桶水……"

120. 答案: 小狗跑的路程是 50 米。最简单的计算方法是, 在爸爸赶上明明之前的时间里, 小狗一直在按相同的速度连续奔跑着, 而爸爸与明明间的 10 米距离, 每秒都缩短 1 米。所以, 2 人相遇是在 10 秒后。小狗的速度为每秒 5 米, 它跑的路程就是 50 米。

121. 答案: 小聪在瓶子里装满了水, 然后将水倒在一个量杯里, 这就得出了非常精确的容积。

122. 答案: 小凡还有 498 本书, 除 2 本书被小妹妹弄丢了外, 小明和小刚借去的仍然是他的。

123. 答案: "1111" 是独一无二、"1001" 是始终如一。"1111"

是说学习几何没有捷径，必须始终如一地坚持刻苦学习，才能学有所成。

124. 答案：3 支箭中了 10 环，1 支箭中了 7 环，还有 1 支箭射到靶子外去了！

125. 答案：3 个儿子，4 个鸡蛋。

126. 答案：婆婆说的三五天是 $3 \times 5 = 15$ 天，七八天是 $7 + 8 = 15$ 天，因此 3 个媳妇可同去同回。

127. 答案：下午 2 点。

128. 答案：原来是打字员把 89 颠倒了。

129. 答案：最少可以切一块，就是不切。

130. 答案：文文的妙法就在于他先沿着螺旋形切蛋糕，然后从上而下再来一刀。

131. 答案：老人把自己的那头骆驼先算入富人的 17 头骆驼中，就是 18 头。富人的大儿子得 9 头，二儿子得 6 头，三儿子得 2 头，共是 17 头。老人的那头仍旧是他自己的。

132. 答案：因为 9 是单数，沙僧第一次只拿一个，紧接着每次都拿两个。这样猪八戒吃完了，沙僧还有一个在手里。

133. 答案：查理的话是真的。因为他是跟比尔比 1 000 米长跑，跟杰克比 100 米短跑。

134. 答案：爸爸种了 14 棵，哥哥种了 7 棵，小冬种了 2 棵。

135. 答案：小波的答案是火箭先到达美国，实际上，火箭飞到天上去了，应该是飞机先到达。

136. 答案：欢欢找来一个大玻璃瓶，把醋全倒进去，在瓶子上做了标记，然后把醋倒出来，再把柴油倒进玻璃瓶，达到那个标记就是 3 升柴油。

137. 答案：要 76 分钟。

138. 答案：一共 23 级，即 $(3 + 6 - 2 + 7 - 3) \times 2 + 1 = 23$。

139. 答案：不是的。这对双胞胎是哥哥在 *12* 月 *31* 日 *12* 点前生的，而弟弟则是在第二年 *1* 月 *1* 日生的。

140. 答案：*14* 千米。

141. 答案：原来，如有新生儿出世，同样数目的成年人就会马上离开村子，生一个，走一个；生两个，走两个，直到村子里有人去世，总人口少于 *147* 人的时候，他们才回到村里，再凑满 *147* 人，所以他们村的人口永远不变。

142. 答案：警方推断，被车撞后仰面倒地的男子，很可能将逃跑车辆的号码上下看颠倒了。"*6198*"的数字倒过来看，就成了"*8619*"。警方按此线索调查，果然抓到了交通肇事犯。

143. 答案：先把那个 *3* 斤的砣放在秤上称出重量，然后用手帕包上沙子或别的东西，称出几倍 *3* 斤的砣的重量，把它系在底砣上，就可以称西瓜了。

144. 答案：因为 *1979* 年是质数，即只能被自己及 *1* 整除的数字，故 a＋b=*1979*。同时 a 和 b 必定是一奇一偶的三位数，其相差必是奇数。因此 a－b=*1* 或 *3*（不可能是 *12* 的其他偶因数）。由 a＋b=*1979*，或 a－b=*1* 或 *3*。分别得出：a=990 或 a=991；b=989 或 b=998。由于 b 的最后一个数能整除 24，最后算出的特别电话号码是 *991998*。

145. 答案：尽管小贩在音乐的伴奏下拼命吆喝："二分，一大碗香茶。"可是，到了晚上，他只卖出一碗茶水，得到二分钱。

146. 答案：深谙车老板们种种花招的稽查员早有准备。戴着耳机、手持立体声录音机的女稽查员小李嘲讽地说："你想听听录音吗？"车老板只好乖乖地交出营运证，听候处理了。

147. 答案：圆竹筒的 1/3 处有个竹节，因刀子劈在竹节上没有劈过去，说明缺少米，无法过节。

148. 答案：*3* 天里捉 *3* 只老鼠，就是平均 *1* 天捉 *1* 只。所以，要在 *100* 天里捉 *100* 只老鼠，也同样是 *3* 只猫就够了。

149. 答案：当钟敲到第10次时，便用去27秒。很多人便认为每打一次钟要用2.7秒。其实，这10次声响之间，只有9个空间，因此钟声与钟声之间是相隔3秒。而12次钟声则11次空隙，故是刀秒。

150. 答案：28秒。

151. 答案：其中一个连盘拿走，盘里就留着1个苹果。

152. 答案：物体所受重力的大小，取决于地球对物体的吸引力。地球对同一物体的吸引力，在地球表面的不同地方，实际上是不完全相同的，它随着离地心距离的大小而变，距离近了，吸引力就大些；距离远了，吸引力就小些。据科学计算，在两极地区物体的重力，要比赤道附近大0.53%。如果在南北极称是1千克的东西，运到赤道附近时，就只有0.994 7千克了；同时，物体重力还同地球的自转速度有很大关系。在南北极，基本上不受地球旋转的影响，所以，那儿的地球引力最大；在赤道附近，受地球旋转的影响最大,地球引力减小。基于以上原因，那商人将5 000吨青鱼从北极附近的阿姆斯特丹运到赤道附近的马加，自然就减少了19吨。因此，偷鱼贼不是别人，而是"地球引力"。

153. 答案：$(4 \times 4 + 4) \div 4 = 5$；$(4 + 4 \div 4) \times 4 = 20$；$4 \times 4 + 4 + 4 = 24$；$(4 + 4) \times 4 - 4 = 28$；$(4 \times 4 - 4) \times 4 = 48$；$4 \times 4 \times 4 + 4 = 68$

154. 答案：在镜中照见的物体都是左右相反的。数字中除0外，只有1和8在镜中照出来的仍旧像1和8，于是知道鸡和鸭的积一定是81，因为81在镜中照出来的是18，正好是9 + 9。由此可知，小敏家里养的鸡和鸭各9只。

155. 答案：由一楼至六楼，实际只有5层；由六楼至十二楼，则有6层，故此需要48秒。

156. 答案：(1) 两个罐都没有桔汁流出来，说不上哪个快。因为一定要有外面的空气进入罐里，桔汁才能流出。如果只有一个孔，

外面的空气进不去，罐里的桔汁也就出不来。即使有两个孔，如果挨得比较近，空气同样不能进去，因此桔汁照样流不出来。要使桔汁顺利地流出，两个孔必须隔远些。斜着倒，让一孔进空气，另一孔出桔汁。

(2) 斜着倒得快。斜着时外面空气比较容易从瓶口进入瓶里，水容易流出来。

157. 答案：用一把尺迅速地击卡片，使卡片从杯子上飞出来。由于惯性的作用，鸡蛋会落到杯子里。

158. 答案：只剩下两名乘客。

159. 答案：梯子一共有 23 级，即 $(3 + 6 - 2 + 7 - 3) \times 2 + 1=23$。

160. 答案：兄弟 3 人各自赶 1 ～ 2 只羊，分别通过关卡，所以一只羊也未损失。

161. 答案：王先生既然拿出 3 个馒头，即手上握着 3 个馒头。

162. 答案：分配子弹后，3 个猎人共消耗了 20 发子弹。此后，3 人所剩的子弹总数和分配时每人所得的子弹数相同。假如 x 为子弹的总数，减去 12 粒后，仍等于子弹总数分给 3 人的数量。故公式是 $x - 12=x/3$，$x=18$。

163. 答案：光速约每秒 30 万千米，子弹速度约每秒 1 ～ 2 千米之间，而声速约为每秒 340 千米。可见，最先发觉有人开枪的是聋人，其次是睡着的人，最后是盲人。

164. 答案：先找出他们相隔日子的最小公倍数，即是他们要经过 48 个星期才会相会。分别之时是 1 月 1 日，48 个星期后便是 12 月 2 日。

165. 答案：第一层原有 144 本，第二层原有 183 本，第三层原有 123 本。

166. 答案：按下列次序搬枕木 5 → 1，6 → 1，9 → 3，10 → 3，8 → 14，4 → 13，11 → 14，15 → 13，7 → 2，12 → 2。

167. 答案：晶晶6岁，玲玲3岁，黄老师36岁。

168. 答案：可以。当小明身体离开地面时，两边绳子所承受的重量分别是25公斤，而小明的双手可以举起30公斤的物体，因此他可以将自己拉起来。

169. 答案：梨11个，桔子7个。

170. 答案：第一个和第二个代销店各分得：满桶3个，半桶1个，空桶3个。第三个代销店分得：满桶1个，半桶5个，空桶1个。

171. 答案：猫能吃到肉。猫和狗的速度本来是一样的，但是在去的时候，猫是1步2米，100米需50步，返回时仍需50步。而狗一步是3米，跑33步才达99米，跑100米还差1米，这样还需再跑一步，就是说在第一个100米的比赛中，狗需跑34步，返回时仍需34步。因此，在200米的来回中，狗要跑68步，这相当于猫跑102步的时间，而猫来回只需跑100步，所以猫便获胜了。

172. 答案：汽车走了110千米。另一个路标的数字是16061。

173. 答案：因为在这条山道之中，有一条只容一人通过的古老吊桥，每人每次过桥的时间是30秒。因此，每多一人使用这条山路时，便会多耗30秒钟。

174. 答案：当时小明是站在7 000英尺以上的高地上，由于雨云的高度一般都在7 000英尺以下，所以尽管小明的四周是下着倾盆大雨，然而在小明的头顶却是一片晴空。

175. 答案：对第二列列车上的旅客来说，第一列列车的移动速度是45 + 36=81千米/每小时，即等于22.5米/每秒。因此，第一列列车的长度为22.5×56=1260（米）。

176. 答案：山高600米，加上人高已不止600米，所以鸡蛋掉下600米时，离地还有一个人的距离，所以鸡蛋还是好的。

177. 答案：小刚是利用中间项乘以项数等于总和的道理解出来的。从1到15，中间项为8，8×15=120（人）。

178.答案：由于每个人都看不到自己头上戴的那顶帽子，因此如果设男孩有 x 个，女孩有 y 个，那么对每个男孩来说，他看到的是 x－1 顶天蓝色帽子和 y 顶粉红色帽子；对每个女孩子来说，她看到的是 x 顶天蓝色帽子和 y－1 顶粉红色帽子。于是根据已知条件：x－1=y，x=2（y－1）。解这个方程组，得 x=4，y=3。男孩子有 4 个，女孩子有 3 个。

179.答案：玛丽切出 22 块。因为题目只要求切的块数多，至于每块的大小并未限制。只要每 1 刀交叉的线越多，切的块数也越多。要想切的块数最多，必须遵守两条规则，即不应该有两条互相平行的刀痕，也不应该让 3 条刀痕共点。

180.答案：3 个角、4 个角、5 个角。

181.答案：因为左手里的蚕豆不论是单数或双数，乘 2 以后都是双数。右手里的蚕豆如果是双数的话，乘 3 以后仍旧是双数（如果是单数，乘 3 以后就是单数）。两个双数相加应该是双数。但是小英算出来的是 43，所以知道他右手里的蚕豆是单数。

182.答案：因为每排 10 人，最后一排要少 1 个人，可见国王的兵数要比 10 的倍数少 1 个（如果将兵数加 1，就恰好是 10 的倍数）。同理可知，兵数比 9、8、7、6、5、4、3、2 的倍数都少一个，那国王的兵数一定是 10、9、8、7、6、5、4、3、2 的公倍数减 1，可是 10、9、8、7、6、5、4、3、2 的公倍数不只一个，先求它们的最小公倍数，得 2 520，再减去 1，得 2 519，这个数字没超过 3 000，符合文中所说的条件，所以国王的兵数有 2 519 人。

183.答案：两个副将所走的路程相等，设路程为 S，又设乘船走完全程所需要的时间为 t，船的速度为 v，故 $t=\dfrac{S}{v}$。骑马者后来步行所花的时间应为 $\dfrac{1}{3}S \div \dfrac{2}{5}v = \dfrac{5S}{6v} = \dfrac{5}{6}t$，骑马所花的时间为 $\dfrac{2}{3}s \div 3v=$

$\frac{2S}{9v} = \frac{2}{9}t$，所以骑马者走完全程所需要的时间为 $\frac{5}{6}t + \frac{2}{9}t = \frac{19}{18}t$。因为 $\frac{19}{18}t > t$，所以骑马者将比乘船者慢，乘船者将先得到宝剑。

184. 答案：法官裁决金砖应归那头骡子所有。两位淘金者都不可能背着那块金砖走出10码开外，因为那块金砖的重量超过300磅。

185. 答案：12个。

186. 答案：怀特先生说，这股风在一个方向上给飞机速度的增加量等于在另一个方向上给飞机速度的减少量。这是对的。但是，他说这股风对飞机整个往返飞行的平均地速不发生影响，这就错了。

怀特先生的失误：他没有考虑飞机分别在这两种速度下所用的时间。

逆风的回程飞行所用的时间，要比顺风的去程飞行所用的时间长得多。其结果是，地速被减缓了的飞行过程要花费更多的时间，因而往返飞行的平均地速要低于无风时的情况。

风越大，平均地速降低得越厉害。当风速等于或超过飞机的速度时，往返飞行的平均地速变为零，因为飞机不能往回飞了。

187. 答案：长方形的宽是200÷5=40（米）；长是320÷4=80（米）；面积就是80×40=3200（平方米）。

188. 答案：篮球个数：12÷2=6（个）

排球个数：12×2＋6=30（个）

189. 答案：763×99＋237×99=99 000（米）

190. 答案：第一次相遇时两车所走路程的和，正是两站的距离。当两车合走两个站的全路程时，第一列车走40千米，但第二次相遇时，两车合行的路程是两站距离的3倍。所以这时第一列车行的路程是40千米×3－120千米。可是第一列车已从乙站返回20千米，所以两站距离=40千米×3－20千米=100千米。

191. 答案：因为3AA1能被9整除，所以3＋A＋A＋1的和

一定是9的倍数。四个数字之和只可能为9的1倍或2倍。

3＋A＋A＋1=9　　A=2.5（不符合题意）

3＋A＋A＋1=18　　A=7（符合题意）

验算：3771÷9=419

192.答案：（一）111－11=100

$$33 \times 3 + \frac{3}{3} = 100$$

$$5 \times 5 \times 5 - 5 \times 5 = 100$$

（二）（555－55）÷5=100

$$55 + (5 + 5 - \frac{5}{5}) \times 5 = 100$$

$$5 \times 5 + 5 \times 5 + 5 \times 5 + 5 \times 5 = 100$$

193.答案：62元。

194.答案：1。　$(8 \times 8 + 8) \div 8 - 8 = 1$。

195.答案：64条。

196.答案：100米。

197.答案：分别是11111和111105。

198.答案：红衣20件，黄衣28件，蓝衣6件，白衣96件。

199.答案：白鼠70只，黑鼠45只。

200.答案：长方形罐头重90公斤；正方形罐头重60公斤；圆柱形罐头重30公斤。

201.答案：哈莱金在打电话时做了点手脚。在通话时，哈莱金一讲到打着重点的话，就用手掌心捂紧话筒，不让对方听到，而讲到没有打着重点的话时，就松开手。这样，警方就收到了这么一段"间歇式"的情报电话："我是哈莱金……现在……皇冠大酒店……和目标……在一起……请您……快……赶来……"

202.答案：3/8。

203.答案：5只大雁，队形是十字形的。

204.答案：小熊威克多是150千克；小狗史努比是180千克；小猫乐米乐是120千克。

205.答案：最好的香蕉卖了3斤，最差的香蕉卖了8斤。

206.答案：19名同学。

207.答案：2519页。

208.答案：孙悟空19个，猪八戒18个，沙僧8个。

209.答案：乐米乐写了97个字，史努比写了70个字，威克多写了35个字，圣吉奥写了62个字。

210.答案：14个。

211.答案：大和尚25个，小和尚75个。

212.答案：84岁。

213.答案：有13个人分83匹布。

214.答案：（89＋67）－（160－10）=6（个）。

215.答案：减低车体的高度即可。

梅琦把轮胎的气放掉了一些。

如此一来，只要降低1.5公分，卡车就可以穿过桥下了。

216.答案：车体本身就是黄金打造的。

由于上了涂料，所以，刑警们根本没注意到车体本身是黄金的。

217.答案：刑警看到烟筒上面还有积雪，便识破了那家伙的谎言。

昨晚，雪是8点钟停的。如果真是在那以后烧热水洗澡，烟筒会发热，上面的积雪会融化。

218.答案：那是星沙。

这种沙是在竹富岛南海岸才有的特殊沙粒，主要成分是孔虫的壳，呈小星星形状，并有杂质及珊瑚碎片、石英等少量物质。

星沙是当地人取的名字，放入玻璃罐中，当小礼品贩售。

金城幸二在竹富岛的海滩杀死被害人后，被害人奋力抵抗。因此，凶手的裤子、衬衫上附着这种沙。他说没去过竹富岛，但衣服上又附

着这种特殊沙粒，证明他说词矛盾，露出破绽。

219. 答案：星期一的晨报上决不会有《周末文艺》栏。

220. 答案：警方发现夏某有盘录像带，正是案发当晚的晚间新闻录像带，夏某在作案后，在晚餐时给朋友们放录像。后来4个证人向警方说的时间是以看到的晚间新闻为准，并未察觉时间上的差异。

221. 答案：制造防火地即可。

在来自北侧的野火尚未逼临岛中央之前，苏沙用呼风唤雨剑，横扫岛中央的枯草点火。

如此一来，火便被北风煽动，不断往南移动燃烧。在从北来的野火到达中央之前，岛的中央已经烧出一块秃地，形成安全地带。只要一直待在防火地，就不用担心被北方来的野火烧死。

222. 答案：堂姐和她的未婚夫为了争夺家产，谋杀了富家女。

提议杰米去别墅，是为了让他做证人，当富家女和外科医生进入别墅后，医生便杀了她，用防水布包着，放入大篮子中。因为被害人很娇小，不易发觉。事后，医生从后门出去了，堂姐进屋察看时，把门从里面锁上了。3人把装有尸体的篮子搬上车时，只有杰米毫不知情。

223. 答案：这位女性的手表戴在左手。

山雷很恐怖。如果发生落雷，将手表戴在左手，因为靠近心脏，会触电而死。因此，有经验的登山老手会将手表戴在远离心脏的右手。

此外，高山日光的紫外线很强，冬季登山或是山上有残雪时，雪的反射足以使肌肤晒伤。所以，有经验的女性登山者必定会抹防晒油，而不会素着一张脸。但这位女性看起来根本什么也没擦。

从以上两点，救难队长判断此案并非单纯的意外事故。

224. 答案：两者均正确。

联结车的前方货车与后方附属车视为个别车辆，各有各的车号。

因此，一人看见前方货车的车牌，另一人看见后方附属车的车牌。

225.答案：当杜比被麻醉后就又被抬到12层高的顶楼去了，杜比自己不知道，还以为在地下室。至于那个定时炸弹是假装的，目的是促使杜比不顾一切地跳出窗外逃命。

226.答案：星野目击到的人就是凶手。

凶手就是圆脸的人。那么星野目击的人又是何人呢？为了消除这个疑问，让我们来做个实验。

假如你身旁有一个圆脸的人，你用一张纸，在中间弄一个长的洞，再让圆脸的人在你眼前快速走来走去，这样你从缝隙中看到的就是细长脸而不是圆脸，这只是错觉。

星野因为是从窗户细长的缝隙中看到的，所以将圆脸的凶手错看成细长脸的人了。

227.答案：不能成立，因骡子不会生小骡。

228.答案：小西五郎的脚是假肢。

小西五郎孩提时曾掉落陷阱，当时切掉了一只脚，装了一只假脚。

被两名男子推下陷阱时，正好是假肢被夹住。所以，在那两名男子往捕蜂车走去的时候，小西五郎立刻拆下假肢，从陷阱中爬了出来，拿出藏在草丛内的猎枪，出其不意地捕捉到那两名男子。

229.答案：知道钥匙者只有老大、老二、老三和老二同学，而老大、老三用过钥匙都不必抹去指纹，只有老二同学怕留下指纹，所以才会抹去。